LETTRES

SUR

LA MUSIQUE

RÉUNIES ET PUBLIÉES

PAR

C. ESTIENNE.

PARIS

AUGUSTE FONTAINE, LIBRAIRE,

35, PASSAGE DES PANORAMAS.

1854

LETTRES

SUR

LA MUSIQUE.

PARIS. — TYPOGRAPHIE DE PLON FRÈRES,
IMPRIMEURS DE L'EMPEREUR,
RUE GARANCIÈRE, 8

LETTRES

SUR

LA MUSIQUE

RÉUNIES ET PUBLIÉES

PAR

C. ESTIENNE.

PARIS

AUGUSTE FONTAINE, LIBRAIRE,

35, PASSAGE DES PANORAMAS.

1854

AVERTISSEMENT

DE L'ÉDITEUR.

Les lettres qui suivent ont été écrites sans beaucoup d'ordre ni de méthode. Ainsi que l'indique le titre, elles ont été réunies, mais elles ne forment pas un livre où l'on puisse rencontrer quelque unité de pensées et surtout les indices d'un plan arrêté à l'avance. L'auteur dit lui-même qu'il écrivit les premières sans songer à en écrire d'autres, et il est vrai qu'il a été guidé dans son travail bien plus par le désir de fixer sur le papier quelques idées qu'il avait méditées depuis longtemps, que par celui d'entreprendre un ouvrage. Aussi, je ne saurais trop le répéter, existe-t-il dans ce recueil beaucoup de lacunes, et ce serait en vain qu'on y chercherait les traces d'un plan régulier. Quelques idées, quelques appréciations sur toutes sortes d'objets se rattachant à l'art de la musique, voilà ce qui est offert au lecteur, qui trouvera peut-être, sinon dans toutes ces lettres, du moins dans quelques-unes d'elles, des motifs de sympathie qui l'engageront à les accueillir.

LETTRES
SUR
LA MUSIQUE.

PREMIÈRE SÉRIE.

PREMIÈRE LETTRE.

CARACTÈRE DES TONS.

Vous désirez connaître le caractère particulier de chaque *ton*, et vous m'interrogez sur un sujet dont les règles, s'il en est, doivent varier selon la manière de sentir de chaque compositeur : cependant, il y a, relativement aux *tons* ainsi qu'aux *modes*, des généralités frappantes qu'il est permis d'apprécier ; et c'est sous ce point de vue seulement qu'il me semble possible d'aborder un côté de l'art musical qui touche principalement au sentiment et au goût.

Il existe un ton qui semble avoir une affinité très-remarquable avec nos organes, ainsi qu'avec nos sentiments toujours un peu sérieux. Je le rencontre dans les compositions des grands maîtres de toutes les écoles, et surtout dans les œuvres de l'école allemande. L'accord parfait de ce ton, sa gamme, tout ce qui s'y rattache, est en rapport complet avec notre âme ; son caractère est sérieux sans être triste, large et élevé sans avoir rien de vague ; je le compare à ces édifices imposants fortement assis sur leur base, et qui charment la vue et excitent l'admiration. Vous avez deviné le ton de *mi bémol;* on le trouve, en effet, à chaque pas, dans la musique des compositeurs les plus célèbres ; il est facile de se convaincre qu'il avait toute la sympathie de Beethoven. Haydn, Mozart eurent également pour le ton de *mi bémol* une prédilection marquée. On pourrait citer, à ce sujet, le septuor de Beethoven et un grand nombre de morceaux de piano de cet illustre maître, plusieurs quatuors et symphonies de Haydn, divers chefs-d'œuvre de Mozart, et entre autres le sextuor de *Don Juan*. Grétry, Cimarosa, Rossini ont écrit dans le ton de *mi bémol* des morceaux pleins de sentiment et de la plus touchante expression; peut-on en parler sans songer à l'un des plus charmants morceaux de Boïeldieu? Gluck, Méhul, Cherubini l'ont illustré, et il n'existe pas un compositeur qui ne lui ait consacré quelques-unes de ses plus belles pages.

Le ton d'*ut mineur* a un caractère de grandeur et de tristesse qui le rend inaccessible aux compositions légères; j'oserais même dire que les compositeurs de premier ordre, seuls, l'ont abordé avec succès. Beethoven l'a traité tantôt avec une adorable mélancolie, tantôt avec une passion entraînante qui semble tout écraser. Gluck et Rossini, dans deux scènes également dramatiques, lui ont aussi donné sa véritable couleur. Je vous recommande comme exemples du ton d'*ut mineur* la sonate pathétique de Beethoven et la célèbre symphonie de ce savant compositeur, son quatrième quatuor, le chœur des enfers d'*Orphée*, l'introduction de *Moïse*. Le ton d'*ut mineur* a aussi rencontré dans Weber un interprète remarquable; rappelez-vous l'ouverture de *Freyschütz*.

Parmi les *tons mineurs*, c'est celui de *ré* que Mozart affectionnait; c'est le ton de *ré mineur* qu'il a choisi dans la dernière lutte de sa brûlante imagination avec la vie qui allait l'abandonner.

Je vous ai déjà fait remarquer que les compositeurs allemands avaient une préférence marquée pour les tons qui ont des bémols à la clef, tandis que les compositeurs français semblent affectionner les tons *diésés*. Ces tendances sont bien moins sensibles chez les Italiens, dont le génie varié se plie à tous les genres d'expressions.

J'ai souvent ouï dire à des chanteurs qu'ils préféraient pour la voix les tons qui avaient des bémols pour *accidents*. Les tons diésés sont brillants pour les instruments à cordes, tels que le violon et le violoncelle; la clarinette et le cor préfèrent les bémols aux dièses. Ces impressions varient selon le génie musical des nations, la nature des instruments et les ressources qu'ils possèdent. Les tons brillants du violon sont ceux de *la*, *mi*, *si*, parce qu'ils laissent à l'exécutant le moyen de faire vibrer la chanterelle à vide, et par conséquent toutes les notes qui sont en rapport avec la note *mi*. Paganini produisait des effets de sonorité extraordinaires en montant son instrument d'un demi-ton au-dessus du diapason, ce qui lui permettait d'exécuter des morceaux en *si bémol* et *fa* avec les cordes à vide, tandis que l'orchestre accompagnait au diapason ordinaire; il réunissait ainsi l'effet brillant des sons harmoniques à l'emploi de deux tons naturellement vifs et sonores, mais qui dans l'accord ordinaire du violon ne sauraient avoir autant d'éclat.

Le ton de *sol* semble avoir été créé pour la musique française; son caractère a quelque chose de chantant et de suave; son relatif, *mi mineur*, ne manque pas d'un certain charme mélancolique, qui peut devenir parfois assez éclatant. Le ton de *sol* convient aux romances et aux pastorales. Beethoven l'a traité avec un charme exquis dans son deuxième quatuor, et Rossini lui a donné son caractère doux et chantant dans l'ouverture de *Guillaume Tell*. Grétry, Boïeldieu, Auber, ont écrit dans ce ton une foule de morceaux charmants.

Le ton de *ré* serait un peu vulgaire, s'il n'était traité d'une manière brillante ou très-distinguée. On en a abusé en l'employant trop souvent dans les ouvertures d'opéra, peut-être parce que l'on y trouvait l'usage facile des trompettes dans les *forte*, et des effets brillants de violons auxquels ce ton est favorable. Beethoven a donné une distinction charmante au ton de *ré* dans son troisième quatuor; j'en dirais presque autant d'Onslow dans l'un de ses premiers quintettes. Les compositeurs français ont employé très-fréquemment le ton de *ré*, les Italiens et les Allemands en ont usé avec plus de réserve.

Le ton de *si mineur*, relatif de *ré*, est à la fois noble, brillant et dramatique. Il a été largement et habilement traité par Meyerbeer dans le finale de *Robert*. Haydn lui a donné une nuance mélancolique et gracieuse dans l'un de ses quatuors; Viotti l'a attaqué avec vigueur dans son plus beau concerto.

Le ton d'*ut* a une allure franche et ouverte; c'est, en quelque sorte, le symbole d'une âme honnête qui laisse voir toutes ses pensées; il est simple sans être vulgaire. Beethoven en a fait un géant dans sa plus magnifique symphonie.

Dans une seconde lettre, je vous parlerai du ton de *ré mineur*.

DEUXIÈME LETTRE.

CARACTÈRE DES TONS.

(Suite.)

L'ouverture de *Don Juan* commence par un *adagio* en *ré mineur;* je crois que c'est le ton le plus dramatique. Cet *adagio* se compose d'une suite d'accords où la science et le génie se disputent des couronnes; il annonce l'œuvre colossal d'un homme d'élite, dont le style est aussi pur que passionné. L'*allegro* qui suit, écrit en *ré majeur,* est plein d'éclairs de gaieté, où se mêlent parfois des accords qui indiquent que la joie et le deuil paraîtront tour à tour dans le drame. Vers le milieu de cet *allegro* sont placées des *imita-*

tions faites par les instruments à vent, jetées çà et là avec la grâce et l'élégance de Cimarosa; l'ouverture se termine par une modulation charmante, qui amène une demi-cadence. La toile se lève; je ne remarque aucun effet pompeux : pas de chœur d'introduction; un air simple de basse, chanté par Leporello, le valet de don Juan; mais bientôt la scène prend un autre caractère : don Juan paraît, poursuivi par dona Anna, admirable d'indignation et de colère; son père accourt à ses cris; elle cherche du secours, et, dans un combat inégal, don Juan tue le Commandeur. Il y a dans cette scène, qui passe rapide comme la pensée, une situation dramatique digne de Shakspeare. A l'entrée de dona Anna, la musique s'élève à la hauteur de la situation, puis, au moment où le Commandeur est frappé, une sombre tristesse émane de l'harmonie, et don Juan lui-même est ému à l'aspect de ce vieillard qu'il vient de blesser à mort. Après des *suspensions* mélodieuses qui dépeignent bien cet instant d'angoisses, le morceau finit par un accord qui semble vouloir retenir le dernier soupir du Commandeur, puis le vieillard tombe. Dona Anna reparaît. Quel spectacle s'offre à sa vue : son père mort! son père assassiné! Quels accents dramatiques, quel récitatif entremêlé de la plaintive harmonie de l'orchestre! Elle touche la blessure. — *Oh! quelle plaie! son sang est déjà glacé!* Dona Anna est anéantie, puis tout à coup elle retrouve sa force et sa colère pour demander vengeance.

Cette scène terrible se termine dans ce ton dramatique de *ré mineur,* qui plus tard reparaîtra, lorsque le Commandeur viendra chez don Juan lui annoncer sa dernière heure. Je ne connais rien au théâtre qui puisse être mis en parallèle avec ce début dramatique. Tout l'opéra, d'ailleurs, est écrit avec une pureté, un charme et un sentiment des situations, qui font de Mozart le premier compositeur de la scène lyrique.

Mozart a aussi composé son plus beau quatuor dans le ton de *ré mineur;* il s'y complaît dans son fameux *Requiem*, dernier adieu de ce beau génie, qui fut doué de l'organisation musicale la plus complète et la plus féconde qui exista jamais. Mort à trente-six ans, à peine à moitié de sa carrière, il laissait une foule d'admirables compositions dans tous les genres et le chef-d'œuvre du théâtre lyrique.

On pourrait redire ici du ton de *ré mineur* ce que je vous écrivais du ton d'*ut mineur*, il ne peut être abordé avec succès que par des compositeurs d'élite. Je trouve d'ailleurs entre ces deux tons une nuance bien nette : *ré mineur* est plus dramatique, *ut mineur* est plus sombre et a peut-être plus de grandeur.

Baillot passant à Vienne pour se rendre en Russie, en 1805, exécuta, en présence de Haydn, un quatuor en *ré mineur* de ce compositeur célèbre ; il le revit en 1809 et lui demanda s'il ne composait plus. — J'ai toujours des idées, répondit Haydn, mais je ne me sens plus la force de les mettre en œuvre.

Haydn a ouvert à la musique instrumentale une route nouvelle; on peut dire qu'il est le premier compositeur qui ait su mettre en pratique l'art de développer les différentes phrases d'un sujet et qui ait ainsi donné un intérêt nouveau et puissant à la symphonie et au quatuor. Ses secondes reprises sont écrites avec un art et un savoir qui ne portent aucune atteinte à la clarté. Ses modulations sont ravissantes, ses *adagio* d'une beauté pleine et sonore, qu'on est étonné de rencontrer avec si peu de moyens. Admirez ce grand compositeur, qui a produit tant d'ouvrages remarquables et a fait faire à la musique instrumentale un pas immense. Il a été le maître de Mozart, il a été le maître de Beethoven, qui, avec des conceptions plus élevées, a porté le quatuor et la symphonie à la hauteur du poëme épique.

La symphonie avec chœurs de Beethoven, écrite en *ré mineur*, est sans contredit la plus immense des créations musicales. Il faut entendre dix fois cette grande composition pour en comprendre et en apprécier tout le sublime. C'est un œuvre gigantesque qui échappe à l'examen ; on ne peut cependant passer sous silence la partie vocale du finale, qui chante un hymne de Schiller avec des accents qui rappellent la fraîcheur et les grâces de la symphonie pastorale.

Mais revenons à notre analyse.

TROISIÈME LETTRE.

CARACTÈRE DES TONS.

(*Suite.*)

Le ton de *fa* ne manque pas de force et a de la sonorité ; Beethoven lui a donné, dans sa belle symphonie pastorale, une allure à la fois suave et vive qui remplit l'âme de joie.

Le ton de *la* est brillant et sonore; il rappelle bien des souvenirs : la plus délicieuse création de Beethoven, cette admirable symphonie dont l'*andante* est peut-être le chef-d'œuvre de la musique instrumentale, un charmant duo de *Don Juan,* le magnifique duo de *Moïse* et tant d'autres belles compositions.

L'introduction de la symphonie en *la* est d'une beauté et d'une suavité de pensées, et d'une richesse d'instrumentation qui charment au delà de toute idée. Le thème principal de l'*allegro* qui suit a le même caractère; la seconde reprise contient une suite de *secondes*, brusquement attaquées par les instruments bruyants de l'orchestre sur un dessein de contre-basses, dont l'effet est saisissant et étrange, et forme un contraste frappant avec la première partie. L'on cherche à bien comprendre cette situation inattendue, lorsque le compositeur ramène à ce thème du début, qu'on entend et qu'on accueille avec plus de plaisir encore que la première fois.

L'*andante* en *la mineur* est à la fois la plus ravissante inspiration du génie et le travail le plus habile du compositeur. Avec quel art Beethoven a présenté, sous des formes si diverses, le double thème de cet *andante*, exposé d'abord par les contre-basses et les violoncelles, et reproduit plusieurs fois avec une variété pleine de charme et d'élégance ! Le passage en *la majeur,* si pur et si harmonieux, qui divise l'*andante,* repose un instant l'esprit; puis, tout attentif, on écoute le thème, qui reparaît plus tard en style fugué, et amène la fin de cet adorable morceau. L'*allegro* qui termine la symphonie est un modèle de verve, de légèreté et de grâce.

Le duo de *Don Juan,* chanté par don Juan et Zerline, est un morceau délicieux de langueur et de gaieté.

Le duo de *Moïse* est une de ces admirables compositions qui ont porté si haut le nom de l'illustre auteur de *Guillaume Tell* et d'*Othello :* il est écrit avec simplicité et clarté. Il est facile à suivre dans sa marche, et la mélodie en est brillante et du style le plus élevé. Il a été chanté, il y a peu d'années, à Paris et à Londres, par Rubini et Tamburini : Tamburini, chanteur de grand talent, développait, dans la partie de *Pharaon,* toute la richesse de sa belle voix de basse chantante; Rubini, dans la partie de ténor, atteignait le sublime.

Dans un passage de la seconde partie du duo où le ténor répond à une phrase du baryton, il faisait entendre parfois une suite de notes mélodieuses, qui montaient, dans la voix de tête, à un degré prodigieux. Ce duo, chanté d'une manière si remarquable, était d'un effet merveilleux.

Je reviens à la symphonie en *la*. Un jour que l'on exécutait cette symphonie au Conservatoire de Paris, je m'y trouvai en même temps que la célèbre Malibran; j'étais placé de manière à pouvoir examiner l'illustre cantatrice, et je me permis de suivre sur ses traits les impressions que la musique lui faisait ressentir. Jamais je ne vis physionomie si mobile : les passages suaves de l'orchestre animaient son visage d'un charmant sourire; les transitions éclatantes et dramatiques lui donnaient un air plus animé encore, puis tout à coup sérieux. Lorsque, après l'immense travail de la seconde reprise du premier morceau, revient le motif charmant qui succède à l'introduction, ses traits exprimaient l'extase et l'enchantement. Nature exquise qui réunissait tout ce qui consume, elle descendit dans la tombe, pleine de jeunesse et de vie. J'ai visité son tombeau dans le cimetière de Laeken, il est surmonté d'une belle statue de marbre, aux pieds de laquelle sont inscrits ces vers, faits pour elle par Alphonse de Lamartine :

Beauté, Génie, Amour, furent son nom de femme
Écrit dans son regard, dans son cœur, dans sa voix;
Sous trois formes au ciel appartenait cette âme,
Pleurez, terre! et vous, cieux, accueillez-la trois fois!

Le ton de *si bémol* est très-remarquable; il est brillant et énergique. Ainsi que le ton de *mi bémol,* il eut toute la sympathie des grands maîtres de l'école allemande. On compte environ dix quatuors de Haydn écrits en *si bémol*. Dans le *Don Juan,* on remarque l'air brillant, *Finche dal vino,* le beau quatuor du premier acte, le trio des masques et l'air célèbre, *Il mio tesoro*. Vous vous rappelez aussi *Adélaïde,* cette sublime élégie de Beethoven.

Le trio des masques est écrit pour deux soprani

et un ténor; c'est un morceau qui semble dicté par les séraphins. On dirait qu'une pluie d'or tombe du ciel lorsque l'on entend cette harmonie pure et limpide comme le cristal. L'air, *Il mio tesoro*, est une mélodie suave et brillante, qui a été l'un des triomphes de Rubini. Vous vous souvenez avec quelle verve le célèbre chanteur, s'emparant tout à coup de la partie des violons, soutenait jusqu'au *forte* la note *fa*, et faisait éclater avec une énergie sans égale, sur le *la*, en voix de poitrine, un trille qu'il terminait sur le *si bémol*. Ce passage produisait un effet prodigieux qu'aucun chanteur ne tentera jamais d'imiter. Vous savez aussi avec quel charme il faisait entendre les plaintes et les regrets de l'amant d'Adélaïde.

Le ton de *sol mineur* me rappelle la plus touchante inspiration de Rossini. Desdemona est restée seule avec sa suivante; elle est en proie aux plus funestes pressentiments; l'orage éclate, puis le gondolier fait entendre les vers de Dante sur une mélodie triste et brûlante, qui semble devancer quelque événement fatal. Desdemona, cette âme pure et aimante, est pensive et rêveuse; tout est pour elle un présage de malheur. Elle prend sa lyre et exhale ses soupirs et ses sanglots. La romance du *Saule* est une élégie plaintive interrompue par la douleur, un reflet des déchirements du cœur si tendre de l'épouse d'Othello. Ce morceau est unique : Rossini, sous le charme d'une inspiration divine, fait passer dans notre âme toutes les angoisses de l'héroïne du drame. Est-il possible que rien ne puisse sauver Desdemona, si pure et si touchante? Rien! pas même sa dernière prière, ses dernières supplications! tout le fait pressentir : son isolement, sa tristesse, le retentissement lointain de la tempête, et bientôt le terrible dénoûment du drame mettra le comble à ses infortunes. C'était peu pour elle de mourir, mais se voir accusée, méprisée par Othello, par son époux, à qui elle a tout sacrifié, pour qui elle a bravé, tant elle l'aimait, la malédiction de son père; voilà ce qui lui inspire un profond désespoir.

Dans ce drame d'*Othello,* Shakspeare se montre le premier poëte de l'Angleterre et du monde. Il est prodigieux, en effet, que ce génie, tout-puissant qu'il fût, né sous le ciel d'Albion, ait pu concevoir et exprimer les passions et les sentiments d'une autre race.

La musique dramatique trouve aussi d'immenses ressources dans le ton de *fa mineur;* son caractère est sombre et concentré, tandis que le ton de *sol mineur* conserve, malgré le mode, quelque chose de brillant qui convient bien au génie méridional. Le ton de *fa mineur* a été admirablement caractérisé par Haydn dans l'un de ses quatuors, que Baillot a rendu célèbre; Beethoven l'a traité avec des accents de mélancolie dramatique dans le bel *adagio* de son septième quatuor.

Le ton de *la bémol* a je ne sais quoi de chantant et d'harmonieux qui plaît aux Allemands et aux Italiens. C'est, si j'ose m'exprimer ainsi, pour les deux écoles une situation où elles viennent se confondre. On trouve en effet un grand nombre de beaux morceaux des maîtres d'Allemagne et d'Italie écrits en *la bémol.*

Les tons de *mi* et de *si* sont brillants, surtout pour les instruments à cordes. Ce caractère se reflète sur leurs relatifs, *ut dièse* et *sol dièse mineurs*. Le ton de *fa dièse mineur* a également de l'éclat.

Ré bémol a un certain caractère de force et de franchise, et devient brillant dans l'invitation à la valse; *si bémol* et *mi bémol mineurs* annoncent la plainte et la douleur.

Ici se termine cette analyse, car nous arrivons à un point où les dièses et les bémols tendent à se confondre au moyen de l'*enharmonie;* ainsi le ton de *fa dièse* va devenir le ton de *sol bémol* et le ton de *la bémol mineur* va s'identifier avec *sol dièse mineur*. Gardons-nous cependant de les confondre, car si l'enharmonie permet ces métamorphoses, il n'en est pas moins vrai que ces tons, considérés chacun d'une manière déterminée, ont des caractères très-différents. Ainsi Beethoven a composé en *la bémol mineur* sa belle marche funèbre, et n'aurait jamais songé assurément à l'écrire en *sol dièse mineur;* et si le ton de *sol bémol* présente à l'imagination des idées sérieuses et concentrées, il n'en est pas de même du ton de *fa dièse majeur,* qui est au contraire d'une nature brillante. Qu'un compositeur, improvisant sur le piano ou sur l'orgue, commence avec le ton de *fa dièse majeur* ou qu'il débute par celui de *sol bémol majeur,* il fera évidemment, dans l'un et l'autre cas, des modulations très-différentes. Aussi l'enharmonie est-elle une admirable licence dont il ne faut user qu'avec une extrême réserve.

Telles sont les idées que j'ai pu vous présenter. Ainsi que je vous le disais en commençant, j'ai dû me borner à des généralités, en essayant de traiter des questions qui me semblent bien plutôt appartenir au sentiment qu'à la science musicale.

QUATRIÈME LETTRE.

MOZART.

Il existe un grand nombre de biographies de Mozart, aussi n'ai-je pas le moins du monde l'intention de vous dire l'histoire de sa vie; si je désire vous entretenir de Wolfgang, c'est bien plutôt à cause de l'admiration qu'il nous inspire, et afin de raviver dans nos souvenirs quelques appréciations générales et plusieurs particularités sur ses destinées et son génie.

Vous savez que Mozart naquit à Salzbourg en 1756; son père était musicien distingué; il jouait parfaitement du violon et connaissait bien l'harmonie et la composition. Il apprit de bonne heure à son fils Wolfgang les règles du contre-point, et fut bientôt frappé des progrès et de l'intelligence extraordinaires de son élève. Dès son plus jeune âge Mozart se mit à composer de lui-même, pressé par une imagination qui faisait déjà sentir sa puissance créatrice. Il passa presque toute sa première jeunesse à voyager en France, en Angleterre, en Allemagne et en Italie, avec son père et sa sœur d'abord, et ensuite seul. Il donnait ainsi des concerts dans les principales villes qu'il visitait, et il exécutait de la manière la plus brillante, sur le clavecin, soit des morceaux de sa composition, soit des morceaux de musique de cette époque, et partout l'on admirait ce petit prodige qui enchantait ses auditeurs et excitait l'enthousiasme des plus savants musiciens.

Pendant ses divers séjours en Italie, il étudia et médita les chefs-d'œuvre des compositeurs de l'ancienne école italienne. Leo, Durante, Porpora, Allegri, Palestrina, grandirent le cercle de son imagination destinée à tout comprendre et à tout embrasser. Aussi bien que la musique d'église, celle du théâtre fixa vivement son attention ; aussi trouve-t-on souvent dans ses ouvrages lyriques et également dans sa musique instrumentale la vivacité et l'élégance du génie italien.

De retour en Allemagne, il s'adonna plus que jamais à la composition. Dans sa musique de *quatuor* et dans ses symphonies, il suivit la marche et l'école de Haydn, pour lequel il avait la plus vive admiration ; mais tout en respectant les traces indiquées par ce grand maître, son génie lui suggérait des hardiesses où apparaissait cette manière toujours suave et passionnée qui n'appartient qu'à lui seul. Il composa en outre des *quintettes* qui sont admirables de style, de pensées et de travail ; ceux en *ut*, en *la*, en *sol mineur*, sont de ravissantes compositions, qu'on entend toujours avec bonheur, et qui ne vieilliront jamais. Parmi ses œuvres pour le piano, on peut citer plusieurs de ses concertos, son beau quatuor en *sol mineur* et cet œuvre de cinq charmantes sonates avec violon, dont la première commence par un *adagio* en *la majeur*.

Je ne fais qu'effleurer ces belles compositions de musique instrumentale, dont cependant chacune mériterait un examen attentif, car il n'en est pas une seule qui ne comprenne quelque enseignement ou quelque motif particulier d'admiration; mais ne serait-ce pas en déflorer les grâces que de vouloir y pénétrer avec trop de minutie?

Bien que Mozart se soit brillamment illustré dans la musique instrumentale, c'était la muse de la scène lyrique qui devait lui tresser ses plus belles couronnes; *Idoménée*, *Don Juan*, les *Noces de Figaro*, la *Flûte enchantée*, élèvent jusques aux nues la merveilleuse renommée de ce beau génie, toujours pur, toujours attachant, dont la musique est constamment empreinte de je ne sais quel sentiment délicieux et sympathique, qui fait qu'on l'aime tout à la fois avec l'âme et avec le cœur.

Il composa le *Don Juan* pour le théâtre italien de Prague; il écrivit en l'espace de deux mois ce chef-d'œuvre du théâtre lyrique. Travaillant souvent la nuit, animé de la fièvre de l'imagination et du génie, cet œuvre a dû porter une cruelle atteinte à son existence.

Le *Mariage de Figaro* fut composé pour le grand théâtre de Vienne, d'après le désir de l'empereur.

Dans une précédente lettre, je vous ai parlé du *Don Juan* d'une manière bien rapide et bien incomplète. C'est un œuvre sublime ; on y trouve toute la grandeur et la science du génie allemand, et toutes les grâces et le charme de l'école italienne. C'est surtout dans cet ouvrage et dans le *Mariage de Figaro* que l'on rencontre les traces du séjour de Mozart en Italie. Ainsi, dans *Don Juan,* le grand air de Leporello, au premier acte ; au second acte, le duo en *mi majeur,* chanté par don Juan et Leporello, sont des chefs-d'œuvre de grâce légère et brillante. Et dans l'air de don Juan, *Finche dal vino,* quelle verve étincelante ! n'est-ce pas le *brio* des chants de l'Italie méridionale? Ne trouve-t-on pas dans les *Noces de Figaro,* à côté de la savante harmonie du grand maître, toute la suavité et la finesse de Cimarosa? Le premier duo, l'air de Cherubino, le duo de Suzanne et d'Almaviva, *Perche crudele,* le duo des deux femmes, *Che soave zefiretto,* ne sont-ils pas écrits avec toute l'élégance italienne?

Mozart a terminé sa glorieuse carrière par un chef-d'œuvre de musique sacrée. Il avait composé un très-grand nombre de morceaux pour l'église, mais le *Requiem* est son œuvre le plus remarquable et le plus grandiose en ce genre. On y trouve toute la profondeur de la science musicale des anciens maîtres d'Italie, que Mozart avait étudiés dans sa première jeunesse, ainsi que je vous l'ai rappelé, et le sentiment dramatique d'un génie puissant qui ne peut rester dans le cercle tracé par des illustrations d'une autre époque. Le style fugué, les imitations y sont traités avec une perfection et un savoir qui sont encore relevés par la hauteur des pensées. Le *Tuba mirum,* chanté alternativement par les quatre voix traitées en *solo* et réunies à la fin du morceau, rappellent tous les charmes de ses compositions d'autrefois au milieu de ces chœurs religieux et graves qui accompagnent la dernière heure. Le style de cet ouvrage, la grandeur des idées, la science du contre-point, peuvent laisser à penser quelle carrière Mozart eût pu parcourir si ses élans n'eussent été arrêtés par une mort prématurée. Génie tendre, affectueux, passionné et brillant comme Raphaël, il devait, comme lui, passer des joies de la jeunesse à la nuit des tombeaux.

CINQUIÈME LETTRE.

DE LA COMPOSITION MUSICALE.

Vous me demandez comment l'on compose, et vous voudriez pouvoir vous rendre compte des moyens qui sont employés pour mettre au jour un œuvre de musique. Si Rossini ou Meyerbeer étaient disposés à vous l'expliquer et qu'ils en eussent le loisir, je vous prierais tout simplement de vous adresser à eux; mais enfin, puisque vous m'exprimez le vœu de connaître mes impressions à ce sujet, ainsi que les observations que j'ai pu faire et les réflexions qui en ont été la suite, j'essayerai, autant qu'il sera en moi, de vous satisfaire.

Il y a en musique plusieurs sortes d'invention

ou de création : les accords, l'harmonie, la mélodie, le rhythme, l'ensemble d'une composition musicale.

Parmi les accords, la plupart sont connus depuis longtemps, mais il est difficile de préciser à quelle époque ils ont été découverts. Si je me sers de cette expression, c'est parce qu'ils existaient dans la nature des sons, comme les planètes existent dans le ciel ; ils ont été observés et reconnus, ainsi qu'elles, par des hommes qui étaient destinés, par leur génie ou leur inclination, à enrichir l'humanité de ces découvertes. On n'a que des traditions vagues sur la musique des anciens; on raconte que les Grecs ne connaissaient, parmi les accords, que l'*unisson* et l'*octave;* cependant, il semble difficile d'admettre qu'un peuple dont les instincts étaient délicats, qui nous a laissé de grandes et belles poésies, n'ait pas connu les accords si simples de *tierce* et de *sixte*.

L'orgue, cet antique et noble instrument du catholicisme, a dû faciliter la recherche des accords, que les compositeurs ont sans doute fait passer ensuite dans les chœurs; puis s'enrichissant peu à peu d'accords nouveaux et de combinaisons nouvelles, l'harmonie est arrivée à ce degré de perfection où l'ont trouvée les célèbres compositeurs du XVIIIe et du XIXe siècle.

A mesure que les accords se révélaient, les règles de l'harmonie prenaient naissance, appuyées sur la manière de sentir des organisations délicates et parfaites à qui il appartient de les établir. La science du *contre-point* était alors, pour ainsi dire, un art de tradition intime, mais lorsque cet art arriva à atteindre sa perfection, des musiciens savants et habiles écrivirent, en faisant apprécier tout ce qu'elles avaient d'utile, les règles de l'harmonie. Ces règles, d'ailleurs, sont très-générales et nécessaires surtout, pour guider les premiers pas de ceux qui s'adonnent à la composition; car les œuvres des compositeurs célèbres sont remplies d'effets d'harmonie produits avec des accords parfaitement expliqués, mais dont les combinaisons merveilleuses sont révélées par leur génie, et échappent souvent au professeur qui ne peut, quel que soit son mérite, ni tout prévoir ni tout embrasser. Il arrive parfois que l'imagination est frappée d'un passage harmonieux saisissant, au milieu d'un morceau de Mozart ou de Beethoven, et que cet effet résulte simplement d'une *pédale*, ou du renversement de l'accord *parfait* ou d'un accord de *septième*, enchaîné d'une certaine manière avec les accords qui précèdent et qui suivent. Les grands compositeurs produisent d'immenses impressions avec peu de moyens, et n'usent qu'avec réserve des accords les plus dissonants qui font alors d'autant plus d'effet qu'ils sont rarement employés.

La mélodie est, en quelque sorte, une émanation de l'âme et du sentiment ; elle prend naissance de l'imagination du compositeur dans toutes les circonstances qui se présentent. Elle subit, à un haut degré, l'influence de son caractère, de sa nationalité, de ses rapports, de ses croyances, en un mot, de tout ce qui affecte chez nous les organes du sentiment. Le compositeur s'inspire de ses propres idées, des productions élevées des arts, de la beauté d'un site, du sentiment religieux, du souvenir, de la solitude; il compose quelquefois, à son réveil, sans qu'aucun motif précédent semble avoir donné naissance à ses pensées. Pour que la mélodie ait du charme, il faut qu'elle vienne naturellement à l'esprit du compositeur, et qu'il écrive pressé par les idées qui remplissent son imagination.

La méthode suivie pour écrire est essentiellement variable; cependant, en général, si l'on compose un chœur à quatre parties, l'on écrit d'abord la partie principale, et immédiatement l'imagination du compositeur, soutenue par l'expérience et la science qu'il a acquises, lui indique la *basse* qui doit l'accompagner, puis il termine bientôt son travail en le complétant par les deux autres parties, que son talent lui permet encore de faire chanter. Dans un quatuor d'instruments, la même marche est à peu près suivie. Dans une composition d'orchestre l'on écrit, d'ordinaire, d'abord le quatuor des instruments à cordes, puis les instruments à vent qui viennent orner et embellir l'harmonie, et les instruments bruyants qui ajoutent aux effets des *tutti*.

Je ne puis, à regret, que vous donner des indications générales sur la manière de composer, car il existe, je vous le répète, des méthodes différentes chez les compositeurs, mais qui, je crois, sont rarement en contradiction avec l'exposé qui précède. Il serait intéressant de connaître dans quelle circonstance telle symphonie célèbre a été écrite, et de pouvoir pénétrer ainsi dans l'intimité du compositeur; malheureusement il n'existe sur la plupart des compositions remarquables que des traditions souvent inexactes.

J'arrive au rhythme, qui donne à la musique sa mesure et sa précision : vous savez qu'il existe des rhythmes de plusieurs espèces, qui, étant connues du compositeur dès sa première éducation musicale, s'adaptent pour ainsi dire d'eux-mêmes aux mélodies que son génie lui suggère, ou plutôt sont inhérents à ces mélodies elles-mêmes. On rencontre quelquefois des rhythmes qui paraissent en désaccord avec les usages suivis, il faut se garder de les répudier, car ils ajoutent à la musique une variété de plus. Le rhythme musical a dû exister d'une manière plus ou moins déterminée dans la musique des anciens; car, en admettant même qu'ils aient ignoré l'harmonie, il n'est pas possible que les contemporains d'Homère et de Virgile aient méconnu le rhythme, qui est évidemment inséparable de toute pensée musicale, même la plus primitive.

Quant à l'ensemble d'une composition musicale, c'est un vaste sujet d'invention pour l'homme de génie. Avec le temps, les progrès de l'art et la manière de développer les idées musicales, on est arrivé à donner à la musique certaines formes, certaines marches, ainsi qu'on l'a fait pour la tragédie et pour le poëme épique, chez les anciens et chez les modernes. Le grand opéra, l'opéra bouffe, la symphonie, ont leurs dessins, leurs plans, qui sont parfois modifiés, changés, agrandis par l'imagination ou le génie du compositeur, à qui appartient l'avenir, qui suit la route qu'il trouve toute tracée, ou prend un essor nouveau qui peut lui donner une place à part dans l'admiration de ses contemporains et de la postérité. Cependant, je crois qu'il est sage de s'appuyer d'abord sur les systèmes suivis par les compositeurs qui nous ont précédés, sauf à ouvrir ensuite à l'art des routes nouvelles, lorsque l'on possède assez de puissance et de force pour s'y maintenir. C'est ainsi que Beethoven, après avoir suivi la marche tracée par ses devanciers, doué d'une force créatrice extraordinaire, s'est élevé vers de nouvelles sphères, où l'ont soutenu la grandeur et la puissance de son génie.

SIXIÈME LETTRE.

LE DEVIN DU VILLAGE.

L'opéra du *Devin du village* a été écrit par l'une des célébrités du XVIIIe siècle. Le succès soutenu de cet ouvrage a pu être dû en partie à l'immense renommée de l'auteur ; cependant, à l'époque des premières représentations du *Devin*, J.-J. Rousseau était peu connu comme écrivain et comme philosophe, et c'est au compositeur, et non à l'auteur de *Julie* et d'*Émile*, que les applaudissements furent adressés.

Le *Devin du village* fut donné à l'Opéra en 1753, au moment des succès de Rameau, compositeur de grand talent, et qui connaissait bien les ressources de son art. L'œuvre de Rousseau avait un certain cachet de nouveauté en ce qu'il apportait aux *dilettanti*, avec des mélodies parfaitement originales, un souvenir du genre des opéras italiens, alors peu connus en France, et que Jean-Jacques avait entendus en Italie. Il s'exprime ainsi sur son séjour à Venise et sur la musique qu'on y chantait :

« J'avois apporté de Paris le préjugé qu'on a dans ce pays-là contre la musique italienne : mais j'avois aussi reçu de la nature cette sensibilité de tact contre laquelle les préjugés ne tiennent pas. J'eus bientôt pour cette musique la passion qu'elle inspire à ceux qui sont faits pour en juger. En écoutant les barcaroles, je trouvois que je n'avois pas ouï chanter jusqu'alors; et bientôt je m'engouai tellement de l'opéra, qu'ennuyé de babiller, manger et jouer dans les loges, quand je n'aurois voulu qu'écouter, je me dérobois souvent à la compagnie pour aller d'un autre côté. Là, tout seul, enfermé dans ma loge, je me livrois, malgré la longueur du spectacle, au plaisir d'en jouir à mon aise jusqu'à la fin. Un jour, et au théâtre de Saint-Chrysostome, je m'endormis, et bien plus profondément que je n'aurois fait dans mon lit. Les airs bruyans et brillans ne me réveillèrent point; mais qui pourroit exprimer la sensation délicieuse que me firent la douce harmonie et les chants angéliques de celui qui me réveilla! Quel réveil, quel ravissement, quelle extase, quand j'ouvris au même instant les oreilles et les yeux! Ma première idée fut de me croire en paradis. Ce morceau ravissant, que je me rappelle encore et que je n'oublierai de ma vie, commençoit ainsi :

> Conservami la bella
> Che si m'accende il cor.

» Je voulus avoir ce morceau : je l'eus, et je l'ai gardé longtemps; mais il n'étoit pas sur mon papier comme dans ma mémoire. C'étoit bien la même note, mais ce n'étoit pas la même chose. Jamais cet air divin ne put être exécuté que dans ma tête comme il le fut en effet le jour qu'il me réveilla. »

Vous concevez que de pareilles impressions devaient avoir de l'influence sur l'imagination de Rousseau ; il y avait, en outre, quelque chose de piquant à jeter sur la scène de l'Opéra, au milieu des sujets héroïques, un petit drame pastoral, contrastant d'une manière frappante avec les opéras de cette époque. On trouve, d'ailleurs, dans le *Devin*, un reflet de l'âme passionnée et sensible de Jean-Jacques et le souvenir des impressions champêtres de sa jeunesse. Quoi qu'il en soit, si l'on en excepte quelques rares interruptions, le *Devin du village* fut représenté sur la scène du Grand-Opéra depuis 1753 jusqu'en 1830.

Bien des avis ont été exprimés sur l'opéra de Rousseau ; cependant il est difficile de déterminer la valeur d'un ouvrage dont le principal mérite est le sentiment. Vous remarquez avec raison que les airs où l'idée dominante de la pièce se trouve exprimée, sont infiniment supérieurs aux autres morceaux. Ainsi, le premier air de Colette est une idée charmante, où la mélodie est empreint du sentiment le plus tendre et le plus vrai. L'air de Colin, le plus remarquable peut-être de l'ouvrage, respire la passion affectueuse que Jean-Jacques développera plus tard, dans des écrits célèbres, avec la force et la puissance de son génie, qui n'est encore qu'à son aurore. Le duo final, qui réunit les deux bergers dans une seule et même situation, est d'une grâce et d'une gaieté qui terminent la pièce de la façon la plus heureuse [1].

Rousseau aimait passionnément la musique; il s'en est occupé d'une manière sérieuse, et il avait reçu en naissant le don merveilleux de la mélodie. Il aurait pu facilement approfondir cet art et y obtenir de nouveaux et brillants succès, si ses instincts et son imagination ne l'eussent porté vers une autre carrière. Il a toujours été sensible au

[1] Colette intéresse et touche comme Julie, sans magie de situation, sans apprêts d'événements romanesques; même naturel, même douceur, mêmes accents; elles sont sœurs, ou je serois bien trompé. (J.-J. Rousseau, second dialogue.)

succès du *Devin*, et il s'exprime, en ce qui touche la composition et la représentation de cet ouvrage, avec un charme et un sentiment d'actualité tels, que l'on croit entendre parler de choses toutes récentes, tandis qu'il y a un siècle que le *Devin* fut chanté pour la première fois : ce fut à Fontainebleau, devant la cour, pendant l'automne de 1752, c'est-à-dire plusieurs mois avant son apparition sur la scène de l'Opéra. Rousseau improvisa plusieurs morceaux de son œuvre, chez son ami Mussard, à Passy. Il rappelle ainsi cette improvisation, puis la répétition et la première représentation de son opéra :

« Mussard jouoit du violoncelle, et aimoit passionnément la musique italienne. Un soir nous en parlâmes beaucoup avant que de nous coucher, et surtout des *opere buffe* que nous avions vus l'un et l'autre en Italie, et dont nous étions tous deux transportés. La nuit, ne dormant pas, j'allai rêver comment on pourroit faire pour donner en France l'idée d'un drame de ce genre; car les *Amours de Ra-*

gonde [1] n'y ressembloient point du tout. Le matin, en me promenant et prenant les eaux, je fis quelques manières de vers très à la hâte, et j'y adaptai des chants qui me revinrent en les faisant. Je barbouillai le tout dans une espèce de salon voûté qui étoit au bout du jardin ; et au thé, je ne pus m'empêcher de montrer ces airs à Mussard et à mademoiselle Duvernois sa gouvernante, qui étoit en vérité une très-bonne et aimable fille. Les trois morceaux que j'avois esquissés étoient le premier monologue, *J'ai perdu mon serviteur;* l'air du Devin, *L'amour croît s'il s'inquiète;* et le dernier duo, *A jamais, Colin, je t'engage*, etc. J'imaginois si peu que cela valût la peine d'être suivi, que, sans les applaudissemens et les encouragemens de l'un et de l'autre, j'allois jeter au feu mes chiffons et n'y plus penser, comme j'ai fait tant de fois pour des choses du moins aussi bonnes : mais ils m'excitèrent

[1] Opéra de Mouret, représenté à Paris, en 1742, et repris en 1752.

si bien, qu'en six jours mon drame fut écrit, à quelques vers près, et toute ma musique esquissée, tellement que je n'eus plus à faire à Paris qu'un peu de récitatif et tout le remplissage ; et j'achevai le tout avec une telle rapidité, qu'en trois semaines mes scènes furent mises au net et en état d'être représentées. Il n'y manquoit que le divertissement, qui ne fut fait que longtemps après.

. . . .

» Quand tout fut prêt, et le jour fixé pour la représentation, l'on me proposa le voyage de Fontainebleau, pour voir au moins la dernière répétition. J'y fus avec mademoiselle Fel, Grimm, et, je crois, l'abbé Raynal, dans une voiture de la cour. La répétition fut passable ; j'en fus plus content que je ne m'y étois attendu. L'orchestre était nombreux, composé de ceux de l'Opéra et de la musique du roi. Jélyotte faisoit Colin ; mademoiselle Fel, Colette ; Cuvilier, le Devin ; les chœurs étaient ceux de l'Opéra. Je dis peu de choses : c'étoit Jélyotte qui avoit tout dirigé ; je ne voulus pas contrôler ce qu'il avoit fait; et, malgré mon ton romain, j'étois honteux comme un écolier au milieu de tout ce monde. »

Puis le récit de la représentation qui eut lieu le lendemain :

« .....La pièce fut très-mal jouée quant aux acteurs, mais bien chantée et bien exécutée quant à la musique. Dès la première scène, qui véritablement est d'une naïveté touchante, j'entendis s'élever dans les loges un murmure de surprise et d'applaudissement jusqu'alors inouï dans ce genre de pièces. La fermentation croissante alla bientôt au point d'être sensible dans toute l'assemblée, et, pour parler à la Montesquieu, d'augmenter son effet par son effet même. A la scène des deux petites bonnes gens, cet effet fut à son comble. On ne claque point devant le roi : cela fit qu'on entendit tout; la pièce et l'auteur y gagnèrent. J'entendois autour de moi un chuchotement de femmes qui me sembloient belles comme des anges, et qui s'entre-disoient à demi-voix : Cela est charmant;

cela est ravissant ; il n'y a pas un son là qui ne parle au cœur. Le plaisir de donner de l'émotion à tant d'aimables personnes m'émut moi-même jusqu'aux larmes ; et je ne les pus contenir au premier duo, en remarquant que je n'étois pas seul à pleurer....

« .....J'ai vu des pièces exciter de plus vifs transports d'admiration, mais jamais une ivresse aussi pleine, aussi douce, aussi touchante, régner dans tout un spectacle, et surtout à la cour, un jour de première représentation. Ceux qui ont vu celle-là doivent s'en souvenir ; car l'effet en fut unique. »

En 1765, Rousseau, venant de Suisse et allant en Angleterre, séjourna un mois environ à Strasbourg, où il assista à une représentation du *Devin du village*, dans une petite loge grillée, que le directeur du théâtre lui avait donnée pour son usage, et où il pouvait arriver *incognito* par une petite porte dont il avait la clef [1]. On connut bientôt

[1] Correspondance de Rousseau, lettre à du Peyrou, du 17 novembre 1765.

dans la salle la présence de l'auteur, et à la sortie du spectacle, malgré les soins qu'il prit pour se dérober aux acclamations de la foule, Jean-Jacques fut entouré et reconduit chez lui par ceux qui avaient assisté à la représentation de son opéra.

Dans les dernières années de sa vie, lorsqu'il revint habiter Paris, l'auteur du *Devin,* qui paraissait avoir renoncé depuis longtemps et pour toujours à la composition musicale, s'y remit avec chaleur, et écrivit un grand nombre de romances, dont plusieurs sont charmantes, et qui ont été publiées après sa mort, et accueillies avec la plus vive sympathie [1].

[1] Le numéro 6 du recueil de ces compositions est un rondeau, dont les paroles sont de M. de Grammont, et qui est remarquable par sa verve tout italienne.

SEPTIÈME LETTRE.

LES QUATUORS DE BEETHOVEN.

La vie de Beethoven peut se diviser en trois époques sous le rapport de ses compositions musicales : sa jeunesse, la période qui l'a suivie, enfin les dernières années de sa brillante carrière.

Ces trois époques ou périodes se trouvent bien déterminées dans ses quatuors pour instruments *à cordes*.

Les six premiers appartiennent à l'époque de sa jeunesse ; ils sont charmants, pleins d'imagination et de grâce, et en grande partie écrits dans le genre de ceux de Haydn et de Mozart. Mais ils ont en même temps un cachet original très-remarquable et qui n'appartient qu'à Beethoven : ils se distinguent surtout par une grande délicatesse de pensées, et contiennent des passages et même des morceaux d'un style absolument neuf. Le premier comprend un *adagio* en *ré mineur* écrit avec un sentiment de passion concentrée qui éclate, vers la fin du morceau, en élans de mélancolie dramatique : on y reconnaît l'œuvre d'un jeune compositeur tout plein de sève et d'avenir. Cet *adagio* présage les grandes compositions qui viendront dans la suite. Je vous ai parlé déjà des deuxième et troisième quatuors de ce premier œuvre [1], écrits tous deux avec beaucoup d'élégance. Le quatrième commence par un *allegro* en *ut mineur*, composé dans un style large, et dont l'allure dramatique et passionnée annonce aussi le grand génie qui se révèle. Ce morceau est suivi d'un *allegretto* en *ut majeur*, d'une finesse et d'une distinction adorables : c'est une véritable perle. Il doit être joué

[1] Première lettre.

presque constamment *pianissimo*. Les différents instruments du quatuor font entendre alternativement de petites phrases charmantes, qui forment ainsi des *imitations* écrites avec un goût irréprochable. Le cinquième quatuor, pris dans son ensemble, est peut-être le plus charmant de l'œuvre. Il débute par un *allegro* en *six-huit* d'une admirable délicatesse. L'*andante cantabile* qui suit le menuet est délicieux de simplicité et de sentiment; la quatrième variation surtout est d'une harmonie pure et suave, qui demande d'ailleurs une grande finesse et un soin excessif dans l'exécution. Ce quatuor se termine par un *allegro* d'une vivacité qui n'exclut pas de jolies phrases chantantes qui apparaissent dans les deux reprises. Le sixième quatuor est en *si bémol*, et commence par un *allegro* plein de verve, qui respire la franchise et la gaieté. Il finit par un *allegretto*, précédé de cette adorable introduction à laquelle l'auteur a donné le nom de *malinconia*. C'est un morceau d'un genre neuf, où l'harmonie est empreinte d'un sentiment qui répond divinement à la pensée du compositeur.

La seconde période comprend les trois quatuors (Œuvre 59) dédiés au prince Rasomowski et le dixième en *mi bémol*. Ici le compositeur apparaît dans toute sa force et dans tout son éclat; il marche seul et sans rival, et s'abandonne aux seules inspirations de son génie.

Le premier de ces quatuors, en *fa majeur*, débute par un admirable *allegro*, dont les idées élevées sont traitées de la manière la plus large et développées avec toute la puissance du génie. Le violoncelle fait entendre d'abord le premier thème, qui, reproduit par le premier violon, amène de nouvelles phrases incessamment retracées par les divers instruments du quatuor. Vers le milieu du morceau se trouve un passage *sempre staccato e piano* d'un effet charmant; puis l'une des phrases du quatuor revient en style fugué de la façon la plus attachante; enfin, un *crescendo*, qui produit la plus vive impression, conduit à la terminaison du morceau. L'*allegretto* qui suit est extrêmement original, supérieurement travaillé et d'un style aussi neuf que piquant. Puis vient un *adagio* en *fa mineur*, dont le thème, d'une mélancolie profonde, est exposé par le violon et ensuite par le violoncelle. Ce morceau se termine par un thème russe varié de la manière la plus savante, et reproduit tout à la fin dans un mouvement d'*adagio* qui en fait un passage sublime.

Le second quatuor de cet œuvre est en *mi mineur;* son premier morceau est un *allegro* en *six-huit*, supérieurement écrit, et dont le charme et l'intérêt sont encore relevés par l'élégance et la richesse des dessins. Il est suivi d'un *adagio* en *mi majeur*, qui est sans contredit l'un des morceaux les plus remarquables de Beethoven. Le thème de cet *adagio* est d'une noblesse et d'une élévation de pensées qui se soutiennent à une égale hauteur pendant tout le cours de cette belle composition. L'*allegretto* renferme un thème russe, traité en *contre-point* avec toute la science du plus habile maître. Un *presto* plein de vivacité et d'animation termine ce deuxième quatuor.

Le troisième débute par une introduction aussi savante sous le rapport de l'harmonie que saisissante d'effet, et qui précède un bel *allegro* en *ut majeur*, plein de verve et brillamment écrit. Il est suivi d'un *andante* en *six-huit*, qui est bien l'une des plus adorables choses qui soient sorties de la plume de Beethoven. Ne trouvez-vous pas dans cet *andante* l'image d'une jeune mère qui veille, heureuse et calme, en contemplant son fils chéri qui sommeille? Le finale du quatuor est une admirable fugue traitée avec un style digne du grand maître. Vous l'avez entendu exécuter au conservatoire de Paris avec tous les violons, altos, violoncelles et contre-basses de l'orchestre, et vous n'avez pas oublié quel effet entraînant elle produit. C'est quelque chose de merveilleux que cette exécution due à l'habileté de soixante instrumentistes dirigés par le zèle infatigable et éclairé de leur chef, Habeneck [1], qui le premier nous a fait connaître les symphonies de Beethoven, et a mis tant de persévérance à l'étude de la symphonie avec chœurs.

Le dixième quatuor de Beethoven est composé à peu près dans le même style que le précédent. Le premier morceau, en *mi bémol,* commence par une savante et belle introduction : il est écrit avec beaucoup de verve. Vers le milieu se distingue un *crescendo* qui ramène d'une manière brillante le motif du début. A la fin se trouve un trait de violon, qui complète de la façon la plus énergique cette première partie du quatuor. L'*adagio,* en *la bémol,* est plein de charme et de mélancolie : il module en *la bémol mineur,* en *ut bémol,* en *ré bémol mineur,* et prend ainsi un caractère de sombre tristesse. Il est suivi d'un

[1] Homme estimable, musicien fort distingué, mort depuis quelques années. Il appartenait à cette belle école de violon fondée à Paris au commencement de ce siècle par Kreutzer, Rode et Baillot, dignes successeurs des Pugnani et des Viotti.

presto en *ut mineur,* qui amène un admirable *allegretto* en *mi bémol,* supérieurement varié. La seconde variation *sempre dolce* renferme un passage délicieux d'alto, instrument qui a été employé avec tout son charme dans cette variation. Ce morceau, qui est le finale du quatuor, se termine par un *vivace* nuancé d'une manière charmante, et remarquable par les rhythmes de *deux-quatre* et de *six-huit,* qui, s'y succédant alternativement, donnent à cette fin autant de légèreté que d'élégance.

Le onzième quatuor (Œuvre 95) est en quelque sorte un œuvre de transition entre la seconde période et la troisième. Le premier morceau et l'*allegro vivace,* écrits en *fa mineur,* ont un caractère de tristesse sombre et poignante, qui contraste avec l'*allegretto* en *ré majeur,* empreint de cette mélancolie tendre et affectueuse qu'on rencontre souvent dans les compositions de Beethoven. L'on distingue, dans cet *allegretto,* une partie *fuguée* qui lui donne en outre le plus piquant intérêt. Le finale, en *fa mineur,* est d'un caractère de mélancolie suppliante où reparaît parfois, çà et là, le reflet des sombres pensées du premier morceau du quatuor. Il se termine par un *presto*, en *fa majeur*, d'une grâce et d'une légèreté qui rappellent les premières et ravissantes compositions de Beethoven.

Je suis arrivé à la troisième période, qui correspond aux six derniers quatuors de Beethoven. Il faut le dire, soit que ce grand génie ait dépassé les limites de l'art, soit que ses organes, complétement affaiblis, ne lui aient pas permis d'entendre l'effet de ses dernières productions, l'on rencontre dans ses derniers quatuors des passages qui confondent les esprits les plus fermes et les mieux disposés. Mais à côté de ces instants de chaos, quels éclatants effets d'harmonie ne surgissent pas tout à coup! Il semble que ce soient des rayons de soleil perçant les nuages au travers de la tempête. Quoi de plus admirable, par exemple, que l'exposé du thème de l'*adagio* du douzième quatuor, intitulé : *Ringraziamento!*...

Il faut enfin s'arrêter, non pour jeter un voile sur les dernières compositions de Beethoven, mais afin de les étudier encore avec plus de courage. Lorsque l'on a goûté les douces joies du printemps et recueilli les trésors de l'automne, il faut savoir aborder l'âpreté des hivers.

HUITIÈME LETTRE.

RÊVERIE FANTASTIQUE.

En parcourant plusieurs livres nouveaux que mon ami *** vient de rapporter d'Allemagne, j'y ai trouvé un épisode qui m'a rappelé quelque rêverie des contes d'Hoffmann. Je vous en envoie la traduction littérale que voici :

En 1844, aux fêtes de Pâques, je fus dans une ville située non loin des bords du Rhin, et qui a été jadis la capitale d'un duché. Là, il y avait une réunion de musiciens qui faisaient entendre les symphonies de Haydn et de Mozart : ils me firent gracieusement les honneurs d'une de leurs séances musicales, en exécutant plusieurs fragments de musique sacrée de ma composition, et un solo fut chanté par la comtesse de M***, qui avait une admirable voix de *soprano*, chantait bien et de plus était fort belle. Je conduisis l'orchestre, qui marcha bien; la comtesse de M*** fut fort applaudie. J'éprouvai un plaisir indicible à entendre ainsi exécuter ma musique, et surtout les détails de l'orchestration, qui étaient saisis par les symphonistes avec beaucoup d'intelligence et de précision. Après la séance, qui eut lieu dans la journée, je sortis de la ville, et je parcourus les riants coteaux qui l'entourent. Là, je repassai dans mon esprit tout ce que je venais d'entendre et de voir, et je le fis si longuement que la nuit était arrivée sans que je m'en fusse pour ainsi dire aperçu. La soirée était belle et tiède, je revins à la ville, et l'heure du repos étant venue, je rentrai chez moi. Mon imagination se trouvait dans une situation singulière et étrange; j'étais assailli par les idées les plus bizarres. Pour me calmer, j'essayai quelques accords, et bientôt je tombai dans une complète rêverie...

« Je me promenais, un soir d'automne, au mi-
» lieu de la campagne encore parée de verdure;
» le soleil se couchait, l'alouette voltigeait çà et
» là, et, par son silence, semblait regretter la fin
» d'un beau jour. Je marchais sans songer au che-
» min que je devais suivre, et je finis par m'éga-
» rer au milieu d'une vallée riante. J'y rencontrai
» une jeune fille, dont la démarche était si légère
» que ses pieds semblaient à peine effleurer le sol;
» son teint était d'un rose tendre, ses cheveux
» tombaient en longues tresses sur ses épaules
» nues, et ses beaux yeux bleus trahissaient l'ori-
» gine du Nord; son regard paraissait fatigué,
» mais elle entendait avec une finesse inouïe le
» moindre bruit : un léger souffle d'air agitant une
» feuille à moitié détachée du rameau fixait son
» attention, et son imagination y était sensible.
» Elle me prit par la main. — Viens, me dit-elle,
» je te ferai voir les merveilles mystérieuses de
» l'art qui enchante les mortels. — Je la suivis.
» Nous marchions sur des prairies couvertes de

» fleurs de couleurs variées, sa main me soute-
» nait, et je passais sur ces fleurs sans leur porter
» la moindre atteinte. Bientôt nous arrivâmes ainsi
» à l'entrée d'une grotte profonde et immense,
» toute resplendissante de lumière. — Regarde,
» me dit-elle. — Il y avait là toutes sortes de
» figures : des beautés touchantes, des héros armés
» pour la victoire et quantité de formes fantasti-
» ques. Je voulus m'approcher de l'une d'elles et
» la toucher; mais, plus je désirais la saisir, plus
» elle m'échappait. Je m'efforçai de l'embrasser,
» mais je sentis qu'il m'était impossible de la con-
» tenir : c'était en même temps quelque chose de
» colossal à envelopper et comme un immense
» espace à remplir. La jeune fille sourit. — Tu
» n'es encore qu'un écolier, me dit-elle; il faut
» être maître pour saisir cet emblème. Mais tu
» pourras en rencontrer de moins rebelles. — Je
» tournai alors mes regards vers une jeune figure
» riante, douce et animée, qui, dès qu'elle me
» vit, vint à moi comme si elle me connaissait.

6

» Elle me fit remarquer l'une de ses sœurs, non » moins aimable qu'elle. Toutes deux semblaient » prendre plaisir à me voir. L'une d'elles me dit : » — Vous êtes heureux avec nous, et nous vous » aimons ; continuez à nous rendre hommage, et » plus tard vous pourrez saisir cet emblème qui » vous a résisté. Il ne se rend volontiers qu'aux » étreintes du profond et savant Germain. Mais » ne sommes-nous pas plus charmantes ? Nous » accueillons les mortels qui connaissent l'orange » et l'olive. Cependant cette figure nous impose, » et, malgré nous, nous sommes pour elle pénétrées de respect. — Mon guide sourit de dédain ; » le colosse était impassible, et je revins à moi... » J'étais devant mon clavecin ; j'essayai de lui faire rendre quelques sons, et je retrouvai bientôt mes trois emblèmes fantastiques, qui n'étaient autres que les tons de *sol*, de *la* et d'*ut mineur*.

NEUVIÈME LETTRE.

ROBERT-LE-DIABLE. — AD. NOURRIT.

Le grand opéra de *Robert* a été représenté, pour la première fois, à Paris, il y a plus de vingt ans, et accueilli avec une faveur bien justifiée par l'immense mérite de cet ouvrage. Un pareil succès lui était réservé à Vienne, où il fut donné plus tard. Vous connaissez trop bien cet œuvre remarquable pour que je vous en entretienne d'une manière suivie; je veux simplement vous rappeler ses beautés et ses effets les plus saillants, ainsi que le chanteur célèbre qui a pris part aux succès de Meyerbeer, en interprétant sa musique d'une façon si digne de cet illustre compositeur.

Les premier, troisième et cinquième actes sont les plus remarquables de l'opéra de *Robert-le-Diable*. L'ouverture d'usage y est remplacée par une introduction de courte durée, mais écrite dans la manière des grands maîtres : on y distingue des *imitations* traitées dans le style de l'école allemande, et instrumentées d'une façon très-brillante et très-variée. Au lever du rideau, on admire des chœurs de la plus grande beauté, modulés avec un charme tout nouveau, et auxquels vient se mêler la voix suave et pénétrante du principal personnage de la pièce, Robert de Normandie, représenté par Adolphe Nourrit.

Le récitatif chanté par Robert et Alice : *O Robert ! ô mon maître !* etc., est admirablement scandé et se distingue par des phrases mélodieuses pleines de charme. Meyerbeer a écrit de telle sorte les récits de son opéra de *Robert,* qu'ils ressemblent plutôt à de délicieuses mélodies qu'à des phrases destinées à enchaîner les différents morceaux qui se succèdent. Nourrit disait ces récitatifs avec un sentiment qu'on ne saurait oublier. Excellent acteur, il apportait dans son jeu une chaleur qui vivifiait tout ce qui l'approchait, et entraînait le spectateur, qui lui répondait par des applaudissements sympathiques et renouvelés. Au troisième acte, sa voix, vibrante et sonore, au timbre argentin, éclatait merveilleusement dans le duo *chevaleresque*. Avec quel charme, arrivé au milieu du vieux monastère, il disait la belle phrase si délicieusement modulée :

J'aperçois ce rameau, talisman redouté!

Mais n'allons pas plus loin sans donner un souvenir à l'arrivée d'Alice cherchant Raimbaut près de la croix de pierre, et sans nous rappeler le passage des hautbois et des flûtes, qui font entendre une harmonie ravissante pendant que la jeune fille prie. Que dire aussi du *trio*, sans accompagnement, chanté par Alice, Robert et Bertram, sinon que c'est une suave inspiration du génie?

Au cinquième acte, rien n'était plus touchant que la voix de Nourrit se joignant, suppliante, aux nobles et majestueux accords de l'orgue. Cette situation, surtout lorsqu'elle est inattendue, produit un des plus grands effets lyriques qui soient au théâtre. J'ai remarqué souvent près de moi des visages baignés de pleurs, lorsque ces accents religieux rappellent à Robert le temps où sa mère priait Dieu pour lui chaque soir. Ces souvenirs, la force du sentiment religieux, la beauté de l'harmonie, ces accords rendus par l'orgue avec tant de puissance et de majesté, la voix douce et pénétrante de la prière jettent en effet dans notre âme une douce émotion qui appelle les larmes. Je vous ai parlé précédemment [1] de l'admirable finale qui termine l'opéra en vous entretenant des beaux effets du ton de *si mineur* : c'est, il est vrai, l'un des morceaux les plus grandioses de l'ouvrage; il est plein de chaleur et d'entraînement. L'orchestre

[1] Dans la première lettre.

écrit avec éclat et puissance, l'harmonie vigoureuse des trois voix du *trio,* le jeu passionné de Nourrit portaient au comble l'émotion et l'enthousiasme.

Nourrit était adorable dans l'opéra du *Comte Ory,* sublime dans l'*Orphée* de Gluck. Lors de sa représentation d'adieu, on donna l'acte des *Enfers,* et, lorsqu'il exprima cette ravissante inspiration :

Laissez-vous toucher par mes pleurs,

sa voix, vibrante et mélodieuse, arrachait les larmes. C'était pour la dernière fois, mais ces adieux furent pour lui un succès de plus; jamais il ne fut mieux applaudi que ce soir-là : ceux qui y étaient ne peuvent l'avoir oublié. — Nourrit partait avec tous les regrets de ses admirateurs.

Le grand Opéra était son théâtre. Artiste français, plein d'âme et de cœur, il ne pouvait être compris sur une rive étrangère; aussi écrivait-il de Naples, quelques jours avant sa fin tragique : « *Je chante dans une langue qui n'est pas la mienne.* » Nourrit avait une de ces âmes ardentes qui ne savent pas attendre. Quelque temps encore, et cet admirable chanteur serait revenu, au milieu des couronnes de fleurs, sur cette scène de l'Opéra français, qui fut toujours, malgré l'éloignement, sa patrie d'artiste.

DIXIÈME LETTRE.

SOUVENIRS DE VOYAGE.

Vous me demandez quelle musique j'ai entendue pendant mes excursions en Suisse, en Allemagne et dans le nord de l'Italie; je vous répondrai, qu'à de rares exceptions près, je n'ai rencontré aucune occasion d'entendre quoi que ce soit en musique durant mes voyages de touriste. Il est vrai que je ne l'ai jamais cherché; quittant Paris pour aller admirer les sites magnifiques des Alpes, les belles campagnes de l'Allemagne et les riches paysages de l'Italie, je ne songeais pas à autre chose, et je m'éloignais bien vite des grandes villes aussitôt que j'en avais visité les monuments et les promenades.

Je ne suis allé au spectacle que deux fois en pays étranger, au théâtre de Bruxelles et au second théâtre de Milan ; celui de la *Scala* étant fermé à l'époque où je me trouvai en Italie, je n'ai pu qu'en visiter l'immense salle, garnie de six rangs de loges. Aussi, lorsque je vous entretiendrai, dans une lettre prochaine, des orchestres de Vienne et de Milan, ce sera d'après des renseignements pris à des sources certaines, mais non d'après mes propres observations. Je me rappelle, cependant, deux circonstances où la musique m'a fait éprouver de vives impressions, et, bien qu'elles soient assez insignifiantes en elles-mêmes, comme elles se rattachent à des compositions très-remarquables, je vais essayer de vous les narrer.

Pendant l'été de 1836, après avoir visité la Suisse, j'arrivai à Lausanne, au bord du lac de Genève, dont je parcourus les rives admirables par le plus beau temps du monde : c'était au mois de juillet. Cette belle nappe d'eau, d'un bleu foncé plutôt que clair, était unie et limpide comme une immense glace de cristal; les montagnes de Meillerie semblaient sortir de ses ondes et se détachaient sur le ciel en formes pittoresques et élégantes. Ce site enchanteur, qu'on ne peut oublier quand une fois on a su le comprendre et l'admirer, est le chemin qui mène vers l'Italie. En quittant le lac Léman, on remonte la vallée du Rhône jusqu'à Brig, et l'on traverse le Simplon. La descente de cette montagne, du côté de l'Italie, présente au voyageur les sites les plus sauvages et les plus pittoresques ; à chaque instant la vue est surprise par des aspects de nature toujours changeants et toujours nouveaux : ce sont d'immenses rochers, d'impétueux torrents, d'effrayants précipices dont l'œil mesure à peine la profondeur. Enfin, après des sinuosités sans nombre, après avoir admiré la belle cascade du pont de Gondo, qui se précipite, en passant sous la route, au fond d'une vallée étroite et profonde, on découvre peu à peu les plaines de l'Italie. Je voyageais avec un Anglais et un Autrichien dont j'avais fait la rencontre à Genève. Jeunes tous trois, pleins d'imagination et d'enthousiasme, cette nature imposante des Alpes et les plaines fertiles de l'Italie qui lui succédaient excitaient entre nous des transports d'admiration. Enfin, nous étions en Italie, ce pays des arts, des poëtes, qui a donné naissance à tant de grands génies qui l'ont illustré. C'était, à chaque minute, des souvenirs de nos poétiques lectures, des extases sur les effets merveilleux de lumière qui inondait ces campagnes éclairées par le soleil resplendissant du mois de juillet, qui leur donnait un coloris éblouissant. Nous traversâmes assez rapidement cette admirable plaine qui conduit à Domo d'Ossola, la première ville d'Italie lorsqu'on y arrive par le Simplon. Nous descendîmes à l'hôtel de l'Ancienne Poste : c'était, pour moi, un bonheur inouï de parler italien ; j'étais, tout à la fois, en conversation avec l'hôte, avec l'hôtesse, avec tout le monde, et je n'en aurais jamais fini si l'on ne fût venu nous annoncer que le dîner nous attendait, au grand plaisir de mes compagnons de voyage, qui ne parlaient pas italien du tout et qui paraissaient passablement ennuyés de mon babil. La salle à manger était une pièce d'une grandeur moyenne, pavée de marbre et de pierre, ayant deux fenêtres sur une petite rue de côté, closes l'une et l'autre au moyen de deux *teloni* de couleur bleu foncé qui préservaient un peu de la chaleur. Le repas fut excellent; nous étions servis par une jeune fille qui avait les yeux bleus et les cheveux blonds, quoique Italienne, et qui prononçait les mots avec un accent admirable. Tout à coup j'entendis une voix pure, limpide, suave, qui commençait de chanter, et à laquelle vint se joindre une autre voix tout aussi belle, en sorte que cela formait une harmonie délicieuse qui semblait venir du ciel. Nous étions transportés, osant à peine respirer de peur de laisser échapper le plus léger souffle, la plus légère impression de cette ravissante musique. Le morceau fini, je demandai à la jeune fille ce que c'était. — Ce sont deux voisines, me dit-elle, qui chantent ainsi souvent des prières; elles demeurent dans une maison vis-à-vis de cette salle. — Bientôt les deux voix reprirent. Cette fois, ma surprise fut plus grande encore ; cette musique ne m'était pas inconnue ; j'écoutais, je cherchais dans mes souvenirs ce que ce pouvait être ; enfin, poussé par un sentiment d'indiscrète curiosité qui me coûta bien cher, j'entr'ouvris l'un des *teloni*, et je vis à la fenêtre d'un étage supérieur, vis-à-vis de l'hôtel, deux femmes vêtues de noir, dont la plus jeune avait au moins quarante-cinq ans ; elles avaient sur la tête des coiffes blanches, et paraissaient appartenir à la classe des artisans, bien que leur costume me semblât fort propre. Aussitôt qu'elles remarquèrent qu'on les écoutait, elles se retirèrent et cessèrent de chanter. J'en demandai la cause à la *padrona*, qui me répondit, en souriant, que j'avais été trop curieux, et que le silence des voisines était ma punition. J'eus bien de la peine à me consoler de n'avoir pas entendu la fin du second duo, qui était, ainsi que le premier, une délicieuse composition de Pergolèse. Le lendemain, nous partîmes pour les îles Borromées.

L'année suivante, faisant une seconde excursion en Suisse, je passai plusieurs jours à Zurich, afin de visiter tous les environs de cette ville située d'une manière si pittoresque, et de parcourir différents lieux devenus célèbres depuis la bataille fameuse qui fut livrée par Masséna aux Russes et aux Autrichiens en septembre 1799. La veille de mon départ, j'appris qu'un festival (ou grande fête musicale) allait se donner à Zurich, et qu'il y avait précisément, ce jour-là, une répétition des principaux morceaux qui devaient y être exécutés. Je m'y rendis. L'orchestre, composé de musiciens venus de toutes les villes de Suisse et de plusieurs cités d'Allemagne, était nombreux, et exécuta bien la symphonie en *ut mineur* de Beethoven. On se mit à répéter ensuite un *oratorio* célèbre, le *Paulus* de Mendelssohn, et je vis arriver une foule de jeunes personnes qui vinrent prendre place devant l'orchestre. Je fus tellement frappé de la beauté de l'une d'elles, qu'il ne m'est resté qu'un souvenir vague et confus de l'*oratorio*, dont j'étais beaucoup moins occupé que de la belle jeune fille qui s'était placée au premier rang des *soprani*. La répétition terminée, il fallut bien quitter la salle, et je le fis en emportant une vive impression des instants trop courts qui venaient de s'écouler. Je revins à l'hôtel, et le soir, autant pour me distraire que pour penser tout à mon aise à celle dont l'image et le souvenir remplissaient mon imagination, j'allai me promener vers les bords du lac. J'arrivai à un monticule appelé *Bürgli*, qui domine le lac et les environs de la ville, et au sommet duquel est un joli pavillon où l'on trouve des rafraîchissements, ainsi que cela se rencontre partout en Allemagne et en Suisse. J'avais marché rapidement, la journée avait été étouffante, on était au mois d'août, et, dans le but de me reposer quelques instants et en même temps de voir d'un point plus élevé le ravissant paysage qui était devant mes yeux, j'entrai dans la maison de Bürgli.

Je trouvai dans la salle principale un homme de cinquante ans environ, de bonne mine, qui fumait nonchalamment, sans s'occuper le moins du monde de la beauté du site; puis je remarquai à l'une des fenêtres qui donnent sur le lac une jeune fille dont la taille élégante et svelte me rappela celle que j'avais tant admirée, le même jour, à la répétition du festival. Je m'approchai; elle se retourna, et je me sentis instantanément saisi d'une joie indicible en la reconnaissant en effet. Je lui adressai la parole en français, puis en allemand; elle me répondit en italien. J'aurais dû le deviner; ses yeux et ses cheveux noirs, son teint mat, la vivacité de ses gestes, la légèreté de sa démarche, tout cela ne pouvait appartenir qu'à une Italienne. Je parus lui inspirer de la confiance, car la conversation ne tarissait pas, et, après avoir longuement causé des lacs et des montagnes de la Suisse, puis de musique, qu'elle aimait passionnément, elle me dit qu'elle habitait les environs de Turin, et qu'elle était venue passer quelque temps à Zurich chez un de ses parents qui habitait cette ville : c'était le personnage que j'avais remarqué à mon arrivée, et qui fumait assis en face d'une cruche de bière. Il se mêla à la conversation, mais d'une façon très-laconique, quoique très-bienveillante. Le soleil venait de se coucher, on parla de retourner à la ville, et nous revînmes tous trois, à travers les prairies, jusqu'à une charmante habitation située dans les faubourgs, où il fallut bien les quitter. J'étais vivement désireux de rester à Zurich, mais j'avais pour compagnon de voyage un ancien officier de l'Empire qui n'était pas homme à me faire la moindre concession dans une pareille circonstance, — et il faut convenir qu'il avait bien raison, — en sorte que, malgré mes plaintes et mes regrets, il fallut partir le lendemain et s'embarquer sur le lac qui, la veille, semblait me sourire, et maintenant m'entraînait vers d'autres régions. Chose étrange! il y a de cela bientôt vingt ans, eh bien! en écrivant ces lignes, je crois voir encore les eaux limpides du lac, les montagnes qui s'élèvent sur ses bords, la ville de Zurich avec ses deux clochers, et il me semble entendre les mots accentués de la langue italienne, prononcés avec un son de voix doux et vibrant qui me fait tressaillir!

ONZIÈME LETTRE.

P. BAILLOT.

Je désire ne pas terminer cette série de lettres sans vous dire quelques mots d'un artiste éminent, que vous avez entendu dans les dernières années de sa vie, et dont vous avez su apprécier l'immense mérite. Je veux parler de Pierre Baillot, qu'une mort presque soudaine a enlevé à l'art musical, il y a près de douze ans.

Baillot naquit à Passy en 1770 ou 1772. Il est issu d'une famille qui n'a cessé de se distinguer par les sentiments les plus honorables et les plus élevés. Il n'était point destiné à la carrière de la musique, vers laquelle il fut porté par un goût prédominant. Lorsqu'une impulsion vive et nouvelle fut donnée aux arts par le premier consul au commencement de ce siècle, Baillot fut appelé à s'occuper de l'enseignement de l'art du violon, qu'il cultivait en homme de génie[1]. C'est alors qu'il écrivit sa première méthode de violon, qui devint la base de l'enseignement de cet instrument au conservatoire. En 1805, il fit le voyage de Russie, après avoir parcouru l'Allemagne, et il ne revint en France que quatre ans après, c'est-à-dire en 1809. Ce n'est guère qu'à partir de ce temps qu'il se fit entendre à Paris, et rarement dans d'autres villes. Son principal mobile était l'enseignement du violon et le désir de faire bien connaître et apprécier les compositions remarquables des grands maîtres. Il donnait habituellement, chaque hiver, plusieurs séances de musique de quatuor et de quintette, et exécutait de préférence les composi-

1 Bien que la loi du 16 thermidor an III ait organisé le conservatoire de musique, ce fut sous le Consulat que cet établissement commença à recevoir son utile développement.

tions de Boccherini, de Haydn, de Mozart et de Beethoven. Il saisissait avec un sentiment profond le caractère de chaque genre de musique : il donnait à celle de Boccherini une grâce et un charme exquis ; il exécutait d'une manière inimitable les quatuors de Haydn, pour lesquels il avait, je crois, une prédilection intime ; il savait rendre la musique de Mozart avec le même sentiment qui l'avait dictée ; enfin, il donnait aux compositions de Beethoven l'animation qu'elles inspirent.

Outre ces différents maîtres qu'il aimait, Baillot avait la plus vive admiration pour Viotti, qu'il avait entendu souvent, et dont il ne parlait jamais qu'avec respect et avec l'expression de la plus complète sympathie. C'était, d'ailleurs, dans les concertos de ce violoniste célèbre qu'il développait son beau talent dans toute sa puissance. Il donnait aux traits une énergie vive et animée, et aux chants un coloris enchanteur. Dans les *adagio*, c'était une perfection dans le style et un goût dans les ornements qui pouvaient être mis en parallèle avec la manière des plus grands chanteurs de l'Italie. En 1833, il fit entendre, dans deux séances successives, les concertos en *si mineur* et *mi mineur*[1], de Viotti; cela était d'un effet magnifique; les solos de violon répondant aux *tutti* de l'orchestre produisaient une impression inouïe qui tenait l'auditoire en suspens jusqu'à la cadence finale. On a admiré, à juste titre, des mains gauches plus habiles que celle de Baillot, mais jamais la variété, la souplesse et la légèreté de son archet n'ont été surpassées. Il rendait la musique de Tartini, de Pugnani et de Sébastien Bach, avec un charme et un style uniques. Les moyens matériels étaient pour lui secondaires, c'était dans son âme, dans son cœur, qu'il trouvait ceux d'émouvoir. Il conserva jusqu'à la fin de sa carrière son admirable talent, et donna sa dernière séance musicale le 21 mars 1840. Il y fit entendre un quatuor de Boccherini, un quatuor de Haydn, un quintette de Beethoven,

[1] No 29.

un quatuor de Mozart, et enfin une délicieuse romance, composée par Beethoven pour le violon. Baillot fut admirable dans cette soirée, qui devait être celle de ses adieux.

Outre son talent comme violoniste, Baillot était plein d'aménité, de sagesse, d'esprit et de jugement. Cœur droit, honnête, sensible, ses paroles exprimaient toujours quelque chose qui allait à l'âme. Réservé dans ses éloges, il se taisait plutôt que de blâmer, et savait rendre justice au vrai mérite. Un de ses élèves les plus distingués, le marquis de S***, partant pour l'Espagne, alla le voir pour prendre congé, et lui demanda quelques avis sur l'art du violon. — Tout ce que j'ai à vous conseiller, lui répondit Baillot, c'est de ne jamais perdre l'occasion d'entendre un grand chanteur. — Je vous ai dit qu'il était doué d'un esprit juste et sage. Je me rappelle que, lors de ma première excursion en Suisse, j'avais lu une grande partie de la *Julie* sur la terrasse de l'église de Vevey, qui domine la ville et le lac, et d'où l'on découvre si bien les montagnes pittoresques qui bordent ces beaux rivages. Quelque temps après, écrivant à Baillot, je lui parlai de cette lecture et de l'émotion qu'elle m'avait causée. — J'ai admiré, comme vous, me répondit-il, les rochers de Meillerie, mais à un âge où tout le charme du roman ne peut plus faire oublier le précipice.

En 1834, Baillot a publié une nouvelle méthode ayant pour titre l'*Art du violon*, dans laquelle il a réuni à quelques parties de la première ce que son expérience et de longues et sérieuses méditations lui ont révélé d'utile pour l'enseignement d'un art auquel il a consacré sa vie. Il a laissé un grand nombre de compositions pour le violon. Parmi ses concertos, on distingue le premier et le cinquième; l'*adagio* du premier, écrit en *mi majeur*, est plein de charme. Baillot le composa dans une promenade délicieuse qu'il fit, un beau jour d'été, vers les coteaux d'Andilly, qui sont situés entre Montmorency et Eaubonne : il fut heureusement inspiré au milieu de ce riant paysage, le plus charmant peut-être des environs de Paris, et le plus propre à faire naître des pensées qui touchent le cœur, et que la musique, ainsi que la poésie, peut rendre avec quelque succès.

DOUZIÈME LETTRE.

DE L'ORCHESTRE.

L'orchestre est l'un des grands éléments de la musique ; il peut être composé de mille manières, ses combinaisons varient même à l'infini. Il y a bien des sortes d'orchestre, et il pourrait y en avoir bien plus encore, mais je vous entretiendrai seulement de celui que nous connaissons le mieux, et dont nous avons entendu si souvent les merveilleux effets : je veux parler de l'orchestre d'opéra et de symphonie qui, dans ces deux situations, est, à très-peu de chose près, composé des mêmes éléments et combiné de la même manière.

Si l'on veut remonter à plusieurs siècles, on

trouvera cet orchestre formé de quelques instruments *à cordes* auxquels venaient s'adjoindre trois ou quatre instruments à vent, imparfaits et grossiers, avec lesquels il devait être fort difficile, pour ne pas dire plus, de jouer *juste*. Au commencement du XVIIIe siècle, l'orchestre d'opéra et de symphonie comptait un certain nombre de violons, altos, violoncelles et contre-basses, une ou deux flûtes, un ou deux hautbois, deux cors, deux bassons et quelquefois deux trompettes et une timbale. Peu à peu le nombre des instrumentistes fut augmenté, et plus tard, vers l'époque de Gluck et de Mozart, les bons orchestres réunissaient environ cinquante exécutants. Outre les instruments à cordes, qui y tenaient la plus large place, ils étaient composés de deux flûtes, deux hautbois, deux cors, deux clarinettes, deux bassons, deux trompettes et une timbale. Au commencement du XIXe siècle, le nombre des instruments à cordes s'accrut, et vers 1810, l'orchestre du grand opéra de Paris comptait soixante-dix musiciens, et celui de la *Scala*, à Milan, environ soixante. Les orchestres de symphonie en France et en Allemagne suivaient la même progression. Enfin, le nombre des exécutants dans les réunions musicales et dans les théâtres a pris une extension plus large encore depuis cette époque, et aujourd'hui l'orchestre de symphonie du conservatoire de Paris est composé de quatre-vingts instrumentistes, nombre à peu près égal à celui des musiciens du grand Opéra, du grand théâtre de Vienne et du théâtre de la *Scala*. J'ajouterai que, dans la plupart des opéras qui ont été donnés depuis environ vingt-cinq ans, l'orchestre a été augmenté de deux cors, de trois trombones, et souvent d'un ophicléide et d'une petite flûte. Les cors anglais, les trompettes à clef, les harpes ont été aussi employés fréquemment, afin de produire des effets analogues aux situations des drames et du genre de musique qui les accompagne. Les trombones, les harpes avaient d'ailleurs été admis déjà au XVIIIe siècle, mais très-rarement, et l'on peut dire tout à fait par exception. Gluck en a tiré parti avec la plus grande habileté; Mozart a fait parler la statue de pierre en l'accompagnant de trois trombones, dont l'harmonie imposante pénètre jusqu'au fond de notre âme. De nos jours, Rossini, Meyerbeer, Auber, Halévy, Donizetti, ont généralement employé les trombones afin de donner plus de force et d'éclat aux *tutti* de l'orchestre. Dans une très-grande salle, avec des symphonistes nombreux, ces instruments, habilement ménagés, ajoutent à l'effet des passages vigoureux de l'orchestre; mais dans un local étroit, où le nombre des instrumentistes est restreint, ils produisent la plus fâcheuse impression. Ils ne doivent jamais être, dans les *tutti*, que le complément de la vigueur de tous les instruments réunis, qui trouvent leur force, avant tout, dans leur ensemble, et principalement dans l'énergie des parties de violons et de contre-basses. Les trombones, traités en *solo* ou en harmonie avec quelques autres instruments, tels que les trompettes, les cors et l'ophicléide, peuvent produire de grands effets : ces combinaisons sont du ressort du génie du compositeur. Il est évident, d'ailleurs, que les trombones ne sont pas nécessaires pour obtenir des effets vigoureux d'orchestre. Ainsi l'on rencontre, dans les symphonies de Beethoven, des passages extrêmement remarquables par la force et la puissance de l'instrumentation, et dans lesquelles il n'existe pas de parties de trombones, instruments que ce célèbre compositeur employait avec la plus grande réserve. On pourrait citer aussi le finale du premier acte de *Don Juan*, si admirable d'effet, et qui renferme des passages d'une vigueur que rien ne saurait surpasser, sans que les trombones y prennent la moindre part. Je me rappelle, entre autres, une phrase de ce finale où les instruments et les voix arrivent par un *crescendo* rapide sur un accord de septième diminuée, qui produit ainsi la plus forte et la plus énergique impression.

Un compositeur contemporain, Hector Berlioz, dont la renommée s'est étendue dans toute l'Allemagne, a écrit des morceaux de musique pour d'immenses orchestres destinés, soit à d'énormes vaisseaux de cathédrales, soit à de grandes salles ouvertes qui pourraient rappeler les cirques des anciens, et dont les arènes de Nîmes nous donnent encore un exemple si frappant. Hector Berlioz a imaginé ainsi de vastes et nouvelles combinaisons d'instruments particulièrement applicables à la musique qu'il a composée. Il est incontestable qu'il a ouvert à l'art une route distincte par des moyens qui n'avaient pas été employés avant lui; mais il n'appartient à personne de dire aujourd'hui si les compositions de Berlioz seront admises par la postérité comme l'œuvre d'un homme de génie ou comme les productions curieuses d'une grande intelligence musicale, qui, entraînée par une imagination vive et ardente, a voulu s'élever, d'un vol peut-être trop rapide, vers des sphères nouvelles et inconnues.

Ici se termine la première série de ces lettres; j'ignore si plus tard je les continuerai. Ce que je puis vous dire, c'est qu'en écrivant les premières j'étais loin de penser qu'elles seraient suivies des autres; et ceci m'a donné lieu de remarquer que des idées en apparence peu homogènes peuvent se trouver en rapport au moyen de liens sympathiques qui échappent parfois à notre esprit, mais jamais à notre cœur.

LETTRES
SUR
LA MUSIQUE.

SECONDE SÉRIE.

PREMIÈRE LETTRE.

AVANT-PROPOS.

DE LA COMPOSITION MUSICALE A LA FIN DU DIX-HUITIÈME SIÈCLE ET AU COMMENCEMENT DU DIX-NEUVIÈME.

En terminant la première série de ces lettres, j'ignorais, ainsi que je vous le disais alors, si je leur donnerais une suite; aujourd'hui, d'après le désir que vous m'avez exprimé, et de plus, croyant avoir encore quelque chose à vous dire, me voilà reprenant la plume.

Depuis mes dernières lettres, j'ai mis à profit

quelques loisirs en allant revoir une partie des rivages du Rhin, vers lesquels des communications si rapides nous conduisent à présent. J'ai admiré de nouveau le Munster, qui s'élance vers le ciel avec tant d'élégance et de majesté; puis, à Kehl, les flots rapides du grand fleuve, qui semblent apporter avec eux toute la fraîcheur des Alpes pendant les jours les plus brûlants de l'été. Enfin je me suis retrouvé au milieu des belles plaines badoises, bornées à l'est par la chaîne de la Forêt-Noire, formée de montagnes couvertes de bois et de pâturages et ornées de cent villages, dont on aperçoit de loin les clochers aux formes variées. Remontant vers le nord, passant pour ainsi dire en revue ce magnifique panorama des montagnes, je suis arrivé bientôt en face de Salzbach, distinguant parfaitement le monument élevé à la mémoire du maréchal de Turenne [1], puis à Bade, où j'ai quitté la ligne de fer.

[1] On sait que Turenne fut tué, à l'âge de soixante-quatre ans, devant Salzbach, par un boulet perdu, au moment où

Qui ne connaît ce séjour charmant, le plus délicieux peut-être de toute l'Europe pour le touriste qui veut se reposer des émotions, sans cesse renouvelées, du voyage; séjour pour lequel la nature a tout créé et qui a été encore embelli par le génie de l'homme? La petite ville de Bade est située dans une vallée étroite, latérale à la grande vallée du Rhin; elle est bâtie sur les deux rives d'un charmant ruisseau pur et limpide, qui murmure et qui coule sur un lit égal de cailloux : sur la rive droite se trouve la plus grande partie de la ville, sur la rive gauche on remarque quelques brillants hôtels, et la maison de *Conversation* entourée de ses pelouses, de ses bosquets, de ses magnifiques ombrages disposés avec un art admirable et un goût parfait. La *Conversation* est

il venait de s'avancer pour examiner la position d'une batterie ennemie. « Ainsi finit, au comble de sa gloire, dit le » marquis de la Fare, non-seulement le plus grand homme » de guerre de ce siècle et de plusieurs autres, mais aussi le » plus homme de bien, le meilleur citoyen, et celui qui m'a » paru le plus approcher de la perfection. »

un petit palais, élégant et somptueux, où l'on trouve toutes les distractions et tous les agréments de la vie : musique, lecture, jeu, théâtre, etc. On s'y promène de toutes parts, et l'on y passe des heures entières sans s'en douter. La ville est resserrée entre des montagnes pittoresques que l'on gravit le matin avec élan et bonheur; celle du vieux château est la plus fréquentée : de la cime on découvre toute la vallée de Bade et les montagnes qui l'environnent, et vers l'ouest, le Rhin et la chaîne des Vosges. Plus tard on remonte la vallée en passant par la belle avenue de *Lichtenthal,* et, après avoir traversé le col, on descend dans le *Murgthal,* dont l'aspect, du haut des montagnes, offre à l'œil un tableau ravissant. Enfin, de tous côtés, ce sont promenades charmantes et que l'on peut étendre fort loin, suivant ses forces et son goût. Avant de rentrer en France, j'ai voulu revoir la belle vallée du Necker du haut des ruines du château d'Heidelberg; la ligne de fer y conduit en trois heures. Heidelberg, la ville scientifique allemande, a un aspect tout particulier : un air de gaieté et de bonne humeur sans cesse entretenu par sa population d'étudiants, que l'on rencontre armés de pipes de porcelaine et la tête couverte de petites casquettes de velours de diverses couleurs ornées d'un fil d'or. La vue du château est merveilleuse : du haut des ruines on domine la ville et la belle rivière du Necker, que l'on voit plus loin sortir de la vallée pour aller traverser la plaine du Rhin jusqu'à Manheim, où elle se réunit au grand fleuve. La ville est bornée au midi par de belles montagnes couvertes de bois, et au nord par le Necker et de riches coteaux plantés de vignes. Après avoir admiré, toute une soirée, ce magnifique paysage éclairé par les rayons du soleil couchant, je me suis dirigé vers le Rhin, afin de regagner la frontière.

Mais je reviens à mon sujet.

Il existe dans les arts des époques privilégiées où la poésie, la peinture et la musique atteignent leur plus haut degré de perfection. Et il faut bien que cela soit ainsi; car, bien que le génie de l'homme soit essentiellement perfectible, toute perfection humaine a ses limites et finit par arriver à certaines régions élevées qu'il est impossible de dépasser, parce qu'elles sont la perfection dernière qui soit du domaine de l'humanité. Ainsi la littérature latine a atteint sa plus brillante élévation au temps de Jules César et des premiers empereurs. En France, c'est au dix-septième siècle que les écrivains et les poëtes ont porté au plus haut degré la gloire de notre littérature. Je ne veux pas dire que ces époques brillantes soient nécessairement suivies d'époques de décadence, car ce serait méconnaître les admirables écrivains du dix-huitième siècle; mais, quels que soient leur mérite et leur haute renommée, leur manière d'écrire, tout attrayante qu'elle puisse être, ne comporte pas peut-être cette perfection irréprochable des grands et illustres auteurs qui ont fait la gloire du règne de Louis XIV. Le dix-neuvième siècle a vu surgir aussi des écrivains et des poëtes d'un mérite très-distingué, mais qui eux-mêmes ne peuvent revendiquer le génie des auteurs qui ont illustré le dix-huitième siècle. La révolution française a donné naissance à bien des écrits et certes à beaucoup d'éloquence; l'on ne peut mettre toutefois en parallèle les productions de cette époque avec celles des époques précédentes. Il y a bien quelques exceptions à la progression des arts et du goût; mais combien compte-t-on de grands génies qui, comme Shakspeare, apparaissent tout à coup au milieu d'une littérature qui n'est pas la leur, semblables à ces comètes qui viennent étonner le monde, et disparaissent ensuite pour ne plus revenir!

La peinture s'est élevée jusqu'au sublime sous Léon X, et bien que depuis cette époque, en Flandre et en Espagne, en Allemagne et en France, cet art merveilleux ait donné naissance à bien des chefs-d'œuvre, on semble reconnaître que les hautes sphères où se sont placés les grands peintres du seizième siècle n'ont jamais, depuis cette époque, été atteintes.

Je crois qu'il en est de même en musique, et que nous avons vu naguère se dérouler la grande époque où cet art admirable est arrivé au plus haut degré de la perfection. Je suis loin de penser que la composition musicale soit actuellement en décadence; j'admire au contraire les talents des compositeurs contemporains, et j'espère beaucoup dans l'avenir de ceux qui apparaissent; mais je pense que l'art musical a atteint ses plus glorieuses limites. Je considère que la grande époque dont je parle est à peu près comprise entre l'année 1760 et le temps actuel. Elle est d'ailleurs la conséquence de la période précédente, qui comprend la première moitié du dix-huitième siècle, qui elle-même devait son existence et son perfectionnement aux siècles antérieurs. Ainsi le génie de Palestrina, de Haendel, de Sébastien Bach, de Leo, de Durante, de Porpora et d'autres célèbres compositeurs du seizième et du dix-septième siècle, et de la première partie du dix-huitième, ont contribué puissamment à faire naître l'époque brillante qui vient de surgir si près de nous, et qui commence avec Gluck et Piccini.

Ces deux compositeurs sont en effet les premiers qui aient donné à la musique d'opéra son véritable style et sa portée élevée et vraie, bien que Rameau, Pergolèse et Jomelli se soient fort distingués dans ce genre de composition. Au moment des succès éclatants de Gluck et de Piccini, l'on vit s'élever tout à coup deux grands génies qui illustrèrent l'Italie et l'Allemagne à la fin du dix-huitième siècle, Cimarosa et Mozart; puis, vers ces mêmes temps, la France, l'Italie et la Flandre donnaient naissance à des compositeurs très-remarquables, tels que Sacchini, et ensuite Zingarelli, Méhul, Grétry, Spontini, Cherubini, successeur né de Leo et de Durante; enfin, dans la première moitié de ce siècle, on vit paraître Boïeldieu en France, Weber en Allemagne, Rossini en Italie, et d'autres célébrités, telles que Meyerbeer, Auber,

Hérold, Halévy, Onslow, Donizetti, Bellini, Mendelssohn, Schubert, etc.

Durant cette même période, la musique instrumentale atteignait de son côté le degré le plus élevé de la perfection. Au commencement de l'époque dont je parle, Boccherini avait donné au quatuor sa nouvelle forme, et Haydn, abordant ce genre de musique avec plus de puissance et de génie, développait le premier, avec un intérêt tout nouveau, les motifs remarquables de ses belles compositions, et, par les mêmes moyens, donnait à la symphonie une allure de magnificence qu'elle n'avait jamais eue jusqu'alors. Il s'était inspiré de Haendel et d'Emmanuel Bach, mais c'est à lui seul que nous devons le cadre de la symphonie tel qu'il existe aujourd'hui. Mozart composa d'admirables chefs-d'œuvre de musique instrumentale en suivant l'école de Haydn et les impulsions de son âme ardente; puis ensuite, Beethoven, s'inspirant de ses devanciers et s'abandonnant aux sublimes élans de son génie, nous a laissé le plus splendide monument de la musique instrumentale dans ses quatuors, dans sa musique de piano et dans ses inimitables symphonies.

Parmi tous ces compositeurs illustres, on distingue aussi Rossini, qui fut doué d'un génie merveilleux pour la scène lyrique, auquel nous devons tant de chefs-d'œuvre qui assureront dans l'avenir l'une des gloires de cette brillante époque musicale destinée, n'en doutez pas, à devenir l'admiration de la postérité. Mais, ainsi que je vous le disais dans cette lettre même, je suis loin de penser que l'art musical ne doive pas se soutenir; et d'ailleurs qui pourrait empêcher qu'une noble émulation ne permît aux compositeurs contemporains et à ceux qui commencent à s'élever de chercher à égaler les grands modèles et même de se distinguer dans un genre différent? C'est aux générations qui viendront après nous qu'il appartiendra de se prononcer définitivement sur leurs œuvres.

Je reviens à mon point de départ. On a parfaitement admis que les arts avaient été supérieurement cultivés à certaines époques, et on l'a souvent attribué à la protection que leur ont accordée des princes éclairés. Il est certain que les encouragements donnés aux arts, ainsi qu'aux lettres, contribuent à les développer d'une manière puissante; mais ces encouragements qui viennent en aide au génie ne sauraient jamais, quels qu'ils soient, le faire naître. Assurément la protection éclairée d'Élisabeth d'Angleterre et celle de Louis XIV ont soutenu énergiquement les conceptions de Shakspeare et de Molière, en ce que ces princes savaient comprendre et faire admirer les œuvres de ces grands poëtes, mais leur génie n'appartient qu'à eux seuls.

DEUXIÈME LETTRE.

GLUCK ET PICCINI.

Je vous disais, dans ma précédente lettre, que la grande époque de la musique dramatique avait commencé avec Gluck et Piccini, vers 1760; il ne serait peut-être pas sans intérêt de jeter un coup d'œil rapide sur la carrière de ces deux compositeurs célèbres, qui, partis de points différents, sont venus se réunir au sein de la capitale de la France, et ont donné lieu, peut-être sans le vouloir, à cette querelle fameuse qui a divisé si longtemps quelques esprits. Le succès non contesté des ouvrages de Gluck et de Piccini peut donner à penser, d'ailleurs, que la plupart de ceux qui fréquentaient le théâtre avaient le bon sens d'applaudir les beautés qui apparaissaient dans les opéras de l'un et de l'autre.

Il y a lieu de croire que les partisans de Rameau, qui avaient été si vivement blessés par la *Lettre sur la Musique française*, accueillirent avec enthousiasme un homme de génie qui donnait à notre scène un éclat nouveau, et qu'ils furent, par contre, mal disposés touchant une renommée toute italienne, venue jusqu'à la cour de France, qui voulut attirer à Paris le célèbre Piccini. Quant à Rousseau, tout en conservant son admiration pour la musique italienne, il sut apprécier les belles inspirations de Gluck, disant que ce compositeur était venu lui donner un démenti sur cette proposition : — que jamais on ne pourrait faire de bonne musique sur des paroles françaises.

Gluck est né en 1714, dans le Haut-Palatinat. Il séjourna longtemps en Italie et en Angleterre, puis vint habiter Vienne, où il composa plusieurs opéras, parmi lesquels on distingue celui d'*Alceste* et celui d'*Orphée*. Il était âgé de soixante ans lorsqu'il arriva à Paris, où il fit représenter, en 1776, son opéra d'*Iphigénie en Aulide*, qui fut accueilli avec enthousiasme. Ce succès fut suivi de ceux d'*Orphée* et d'*Alceste*, opéras qui furent donnés dans le cours de la même année, et de celui d'*Iphigénie en Tauride*, qui fut représenté l'année suivante. Après tant de triomphes continuellement répétés, Gluck, comblé de gloire, revint à Vienne, où il termina son éclatante carrière en l'année 1787, devançant dans la tombe son rival ou plutôt son émule Nicolo Piccini.

Ce célèbre compositeur était né dans le royaume de Naples en 1728. Il fut destiné par sa famille à l'état ecclésiastique, mais son inclination vive et ardente pour la musique s'étant développée bientôt, il fut placé, en 1742, au célèbre conservatoire de San-Onofrio, de Naples, où il reçut les conseils de Leo, et ensuite ceux de Durante, qui eut pour lui l'affection la plus vive.

Piccini quitta le conservatoire en 1754, et bientôt, ayant donné, avec le plus grand succès, plusieurs ouvrages à Naples et à Rome, et entre autres, dans cette dernière ville, son opéra de *la Cechina,* sa réputation fut immense; puis, après avoir joui pendant près de vingt ans de ses triomphes, il vint à Paris à la fin de 1776, c'est-à-dire à l'époque des succès les plus éclatants de Gluck. Il commença par apprendre la langue française qu'il ignorait complétement, et donna bientôt son opéra de *Rolland,* qui fut accueilli de la manière la plus flatteuse. C'est alors que commença cette guerre célèbre, dont l'arrivée de Piccini avait donné le signal. Vous savez que les *dilettanti* de cette époque se divisèrent en deux camps, les uns admirant la pompeuse majesté du style de Gluck, les autres vantant la variété brillante et facile de Piccini. Ce dernier donna plusieurs nouveaux ouvrages, notamment l'opéra d'*Atys,* et celui de *Didon,* qui renferme des mélodies pleines de charme. Bientôt après, Gluck étant mort, Piccini fit l'éloge de son rival.

A l'époque de la révolution française, il retourna à Naples, où de brillants succès l'attendaient encore; mais bientôt des revers, provenant des circonstances politiques, l'engagèrent à quitter de nouveau l'Italie. Il revint en France, où il resta quelque temps, oublié et malheureux, lorsque le premier consul lui confia les fonctions d'inspecteur du conservatoire de musique de Paris. Il mourut peu de temps après, à Passy, en 1800; il avait alors soixante-douze ans.

Piccini était doué d'un esprit vif et agréable; il s'entretenait avec plaisir de son art, dont il parlait en maître et avec une perspicacité toute italienne. Il répétait souvent que le chant était l'élément principal de l'opéra, et que l'orchestre devait surtout lui venir en aide, sans jamais l'éclipser. Il savait trouver dans les instruments à cordes tous les genres d'expression, et voulait qu'on n'employât jamais les autres instruments que suivant leur caractère propre. Il blâmait l'abus des modulations, et ne les admettait qu'autant qu'elles arrivent naturellement pour soutenir la mélodie, et jamais à titre d'effets pompeux et recherchés[1].

Gluck a terminé ses jours en Allemagne, riche, entouré de considération. Piccini est mort loin de Naples, pauvre, ayant rencontré jusqu'à son dernier soupir des adversaires prévenus et injustes. Si l'on examine les phases de son existence, on y trouvera des situations touchantes. Il vint à Paris, d'après le désir de la cour, et il y rencontra des ennemis dont ses talents triomphèrent. De retour dans sa patrie, il dut la quitter de nouveau et rechercher l'hospitalité de la France, où il fut bientôt

[1] Piccini était d'une taille au-dessous de la moyenne, mais bien fait et d'un maintien qui avait de la dignité. Sa figure avait été agréable; son front était très-grand et ouvert; ses yeux bleus, parfaitement enchâssés, et d'une expression à la fois douce et spirituelle, s'animaient et étincelaient quelquefois comme les yeux noirs les plus vifs; la forme de son nez et l'union de cette partie avec le front retraçaient un trait de figure grecque, et rappelaient que c'est en effet le sang grec qui coule dans les veines des Napolitains de race pure. (Notice de Ginguené sur Piccini, publiée en 1800.)

accueilli par la main protectrice et puissante de celui qui remplissait le monde de l'éclat de son nom. Le premier consul ne lui donna pas de pension, mais il lui assura une position honorable, digne de lui, et où il eût eu encore assez de force pour faire revivre les savants principes de ses deux maîtres illustres, qui élevèrent si haut la renommée du conservatoire de San-Onofrio.

TROISIÈME LETTRE.

DE LA MUSIQUE ALLEMANDE ET DE LA MUSIQUE ITALIENNE.

Un des points les plus remarquables qui font différer l'école allemande de l'école italienne, c'est le développement des idées musicales. L'art de développer les idées, dans une composition de musique, consiste à reproduire un ou plusieurs fragments des mélodies principales d'un morceau, soit en enchaînant ces fragments par des modulations heureuses, soit en y mêlant des idées nouvelles, soit en renversant un motif, soit en faisant entendre à la basse ce qui a été rendu d'abord par une partie de dessus, soit de toute autre manière, selon le caprice ou le génie du compositeur. L'on comprend tout d'abord qu'il doit être peu facile de donner de l'intérêt à une page de musique ainsi conçue et ainsi composée, et c'est pour cette raison que très-peu de compositeurs ont excellé dans ce genre de travail, et qu'un grand nombre ne l'ont jamais abordé; il est même très-possible que quelques-uns l'aient complétement méconnu.

Si l'on remonte à la musique ancienne, on trouve bien quelque trace de ce développement des idées, mais il semble que Haydn soit le premier compositeur qui ait su tirer parti de cet art d'une manière complète, et qui en ait fait l'un des attraits les plus piquants de la musique. Il le met en usage principalement dans les secondes reprises des premiers morceaux de ses symphonies et de ses quatuors, et il l'a pratiqué avec une perfection qui n'a pas été surpassée, ayant su presque toujours éviter avec un merveilleux talent les transitions brusques qui doivent se présenter nécessairement dans un travail de ce genre.

Cet art a été également pratiqué par Mozart et

par Beethoven avec une grande supériorité. Parmi les morceaux de ces deux grands maîtres qui peuvent donner une idée claire et admirablement exprimée de cette manière d'écrire, on pourrait citer le premier morceau du quintette en *ut* de Mozart, dont la seconde reprise commence par l'idée première de ce morceau, développée avec beaucoup de charme au moyen de modulations ravissantes, et aussi la seconde reprise du premier morceau du trio de piano, en *mi bémol*, de Beethoven, où reparaît également un fragment du premier motif de ce trio, avec un entrain et une verve qui produisent beaucoup d'effet. Et si l'on examine la musique de ces grands compositeurs de l'école allemande, on verra qu'elle est constamment remplie de ce travail, qui, en résumé, consiste à reproduire souvent les mêmes phrases, mais d'une manière qui charme et étonne de plus en plus à mesure qu'elles reparaissent. Ainsi, les symphonies de Mozart et de Beethoven, comme celles de Haydn, sont écrites dans cette manière, qui, il faut le dire, s'applique mieux et moins difficilement à la musique instrumentale qu'à la musique d'opéra, où cependant elle pourrait être employée avec succès dans les morceaux très-développés, tels que les ouvertures, les chœurs, les finales, etc. On en trouve ainsi d'admirables exemples dans l'ouverture de *Don Juan* et dans le finale du premier acte des *Noces de Figaro*.

Si l'on veut abandonner un instant la partie scientifique de la fugue, on verra qu'elle n'est pas autre chose que la reproduction continuelle des mêmes idées, mais qui s'enchaînent au moyen de règles spéciales, qui forment en même temps un admirable développement de l'art du *contre-point*. Les compositeurs modernes ont un peu abandonné la fugue; mais, connaissant parfaitement les ressources de ce genre de musique, ils ont employé souvent le style *fugué*, qui a plus de charme, en ce que le compositeur peut s'y livrer complétement aux caprices de son imagination, et il est probable que la fugue, qui a amené le style fugué, a aussi donné la pensée du développement des idées musicales.

Le contre-point et les suspensions sont d'un usage ancien en France, en Italie, en Allemagne; mais il semblerait que Palestrina, qui tenait la science du contre-point de son maître Goudimel, ait employé le premier avec cette grande puissance qui le caractérise et d'une manière générale et parfaite l'art des suspensions d'accords. Le contre-point proprement dit, que les compositeurs appellent contre-point *double*, et les suspensions sont encore deux grands éléments de la musique instrumentale, qui ont été beaucoup moins employés dans la musique de la scène lyrique, si l'on en excepte toutefois les opéras de Mozart, où l'on en trouve à chaque pas des exemples merveilleux, et quelques autres ouvrages.

Il est encore un moyen qui donne un grand charme à la musique instrumentale, c'est l'art de varier un thème ou sujet donné. Je ne veux point parler ici de ces variations qui sont écrites pour faire briller la voix ou l'instrument, mais de ces sujets variés sous le rapport de la mélodie et aussi sous le rapport de l'harmonie, des dessins et du contre-point; enfin, de cet art divin qu'on rencontre dans les compositions de Beethoven, et dans lequel ce grand maître reste sans rival. Mais cet art, comme celui du développement des idées musicales et celui du style fugué, est aussi particulièrement applicable à la musique instrumentale.

En résumé, je trouve que l'on distingue dans la musique allemande l'emploi fréquent du développement des idées, du style fugué, du contre-point, des suspensions, des sujets variés.

La musique italienne est, en général, conçue dans un ordre d'idées différent. Elle est pleine d'harmonie et des plus magnifiques effets; la mélodie y est presque constamment suivie, s'y renouvelle sans cesse, ou se répète avec des changements qui sont abandonnés, pour la plupart, au goût du chanteur. Et, il faut le dire, ce genre de musique est particulièrement l'essence de la scène lyrique, où il serait beaucoup plus difficile de développer partiellement des idées musicales que dans la musique instrumentale. Le style fugué est rarement employé dans la musique italienne, et il ne s'y trouve pas de sujets variés à la manière de Beethoven. Quant au contre-point et aux suspensions, ils ont été mis en usage avec la plus grande habileté par les compositeurs italiens, et l'on peut citer, à ce sujet, des chefs-d'œuvre de musique italienne où ces deux grandes ressources de l'art musical ont été employées avec toute la science des anciens maîtres : telles sont les messes de Cherubini.

Quant à la musique instrumentale en Italie, elle y est considérée comme un art secondaire ; ainsi, il n'est guère d'usage d'y écouter une ouverture d'opéra, et là, l'orchestre n'est jamais regardé que comme destiné à soutenir le chant et à l'accompagner.

En définitive, l'on remarque dans la musique italienne des mélodies brillantes et suivies, soutenues quelquefois par l'art du contre-point et des suspensions, et toujours par une harmonie belle, pure et sonore.

Mais je n'aborde ici que la partie de l'art sur laquelle il me semble possible de raisonner avec quelque suite, d'exprimer, pour ainsi dire, des idées positives; car il existe un élément bien puissant qui différencie les deux genres de musique allemande et italienne, c'est la partie poétique de l'art, la forme donnée par l'inspiration. Voilà ce qu'il ne m'est pas possible d'exprimer; il faudrait alors comparer des natures différentes, des pays, des soleils qui ne sont pas les mêmes, des caractères, des mœurs, un langage qui n'ont rien de commun, et par conséquent des inspirations musicales qui ne se ressemblent point. Mais si l'on étudie de près certains compositeurs allemands et italiens, on reconnaîtra facilement que les Alpes n'ont pas toujours été pour eux un obstacle infranchissable, et qu'ils ont reçu réciproquement d'un pays autrefois rival des impressions qui ont ajouté au mérite de leurs œuvres. Ainsi, il n'est pas possible de méconnaître dans les opéras de Mozart les traces de son séjour en Italie, et je serais bien trompé si Cherubini n'avait subi lui-même l'influence des grandes compositions musicales de l'Allemagne, qu'il a si souvent entendues.

Quoi qu'il en soit, laissons à chacune des deux nations son génie; admirons chez l'une et l'autre tout ce qu'elles ont de beau, de grand, de sublime, et quand nous recevons ces merveilleuses impressions que donne l'audition d'une symphonie de Beethoven ou d'un opéra de Mozart, n'oublions pas la science de Cherubini, ni les sublimes inspirations de l'auteur de *Guillaume Tell.*

QUATRIÈME LETTRE.

J. HAYDN.

Parmi les compositeurs qui ont illustré la brillante époque musicale dont je vous ai entretenu, on doit placer au premier rang Joseph Haydn. J'ai eu plusieurs fois déjà l'occasion de vous parler de ce célèbre compositeur, aujourd'hui j'ai l'intention de vous le rappeler d'une manière plus spéciale.

Haydn naquit en 1732, dans une bourgade située vers les frontières de l'Autriche du côté de la Hongrie. Son père était un simple artisan; dès son plus jeune âge, Haydn montra pour la musique la plus vive inclination, et fut placé à Vienne comme enfant de chœur, par Reiter, maître de chapelle de l'empereur d'Autriche. Il se distingua dans son modeste emploi, et l'on rapporte que, parvenu à l'âge de dix ans, son père eut l'idée de le destiner à embellir pendant toute sa vie, de sa jolie voix de soprano, les pompes de la musique sacrée; quoi qu'il en soit, la Providence ne permit pas qu'un pareil sacrifice pût s'accomplir. Quelques années après, Haydn ayant quitté la maîtrise, s'adonna complétement à la composition, étudia particulièrement les ouvrages de Haendel, d'Emmanuel et de Sébastien Bach, et reçut des conseils du savant Porpora, qu'il eut occasion de connaître en Allemagne. Bientôt le prince Esterhazy lui confia la direction de la musique de sa maison, et c'est alors que Haydn put se livrer tout entier à ses inspirations, sans se préoccuper des moyens d'assurer son avenir. Il fit ensuite deux voyages en Angleterre, où furent exécutées plusieurs de ses symphonies, et c'est dans ce pays qu'il arriva d'abord à sa haute réputation, qui s'étendit bientôt après dans toute l'Europe. Lorsqu'il quitta l'Angleterre, Haydn vint se fixer à Vienne, où il réalisa le vœu d'Horace, en habitant, dans un faubourg de cette ville, une petite maison entourée d'un jardin. C'est dans cette retraite modeste, mais favorable à ses goûts et à ses instincts, qu'il composa ses deux *oratorio* de la *Création* et des *Saisons*. Il avait soixante-cinq ans lorsqu'il écrivit la *Création*, cette belle et grande conception dont vous avez entendu exécuter quelques parties aux magnifiques séances de musique vocale si habilement dirigées par le prince de***, à qui nous devons de connaître les admirables compositions de Palestrina mieux peut-être que si nous les eussions entendues à la chapelle Sixtine.

Haydn a laissé des chefs-d'œuvre de musique sacrée, et il brille au premier rang dans la musique instrumentale. Il eut, comme Gluck, une vieillesse féconde, et expira le 29 mai 1809, entouré de considération et d'estime. Il était doué d'un caractère égal, doux et modeste. Il fut des premiers à reconnaître le grand génie de Mozart, et l'on raconte qu'ayant entendu le *Stabat* de Pergolèse, il exprima le regret d'avoir mis en musique cette hymne touchante, empreinte du sentiment intime de la douleur.

Quelque admirables que soient les compositions de Haydn, je m'arrête de préférence à ses quatuors, où l'on trouve un travail aussi remarquable que complet, embelli par les inspirations du génie.

Il existe dans les quatuors de Haydn une progression très-remarquable et constamment suivie; on y découvre la trace du compositeur qui s'élève graduellement, en conservant toujours son caractère propre. On peut cependant diviser les quatuors de Haydn en trois séries distinctes, non pas analogues à celles dont je vous ai entretenu dans une lettre sur les quatuors de Beethoven, mais plutôt suivant la progression des idées et des inspirations de l'auteur de la *Création*.

Les quatre premiers livres appartiennent à la jeunesse de Haydn : ils annoncent une grande facilité de conception et de travail, et n'ont guère toutefois qu'un intérêt d'étude et d'appréciation des premiers essais de ce grand maître; mais, à partir de l'œuvre IXe, le génie du compositeur se révèle et apparaît avec d'autant plus d'éclat qu'on avance dans cette deuxième série, qui peut se poursuivre jusqu'à l'œuvre LXXIIe. Les plus remarquables des quatuors de cette seconde série sont connus sous les n°s 21, 22, 25, 28, 31. Le trente-deuxième, en *ré,* renferme un *largo* de la plus grande beauté, et dont le style est plein d'élévation et de majesté; il demande pour l'exécution une haute intelligence musicale, et un archet puissant et sûr de lui-même. Vient ensuite l'œuvre XXe, qui comprend six quatuors, tous remarquables. Le premier morceau du second (n° 34) renferme une modulation délicieuse reproduite dans les deux reprises; le début du cinquième (n° 37) est une des plus magnifiques inspirations de Haydn. Dans l'œuvre XXXIIIe, qui suit, on admire les trois premiers quatuors (n°s 39, 40, 41). L'andante, en *ré,* du premier est un morceau charmant, écrit avec toute la délicatesse et la grâce de Mozart. Le début du deuxième a un caractère de pompe et de noblesse que l'on rencontre souvent dans les grandes compositions de Haydn. L'œuvre Le, qui vient après, est également remarquable; on y distingue l'*allegro* du quatrième quatuor, l'*adagio* et le finale du sixième, qui sont des modèles de chant gracieux et de verve brillante.

Je suis arrivé à l'œuvre LIVe, et je sens qu'il faudrait m'arrêter à chaque pas, si je voulais citer tous les morceaux saillants qui se succèdent. Les œuvres LVe, LXIVe, LXVe, qui suivent, sont autant de conceptions du génie.

Que vous dirai-je de la dernière série des quatuors de Haydn, qui comprend les œuvres LXXIIe, LXXIVe, LXXVe, LXXVIe, LXXVIIe, dans lesquels ce compositeur apparaît dans toute sa force et sa grandeur. Il faut entendre exécuter ces belles compositions avec tout le soin et le talent qu'elles comportent, pour en apprécier toute la richesse et toute l'élévation. L'*adagio cantabile* du 71e quatuor, écrit en *la majeur,* est d'une beauté de chant et d'harmonie qu'on ne peut se lasser d'admirer.

Que de grâce dans l'*andantino*, en *sol*, du 73e; quelle verve dramatique dans le finale, en *sol mineur*, du 75e! on la retrouve encore dans le finale du suivant, écrit dans le même ton, et qui se termine en majeur de la manière la plus charmante, et en respectant la règle, car le premier morceau de ce quatuor est écrit en *sol majeur*. Le 77e, en *ré mineur*, renferme un délicieux *andante* en *ré majeur*, et le suivant comprend cet admirable morceau en *sol* connu sous le nom de *la Prière*. Le bel *allegro* du 79e est l'un des morceaux les plus connus de Haydn. Quoi de plus admirable que la *fantasia*, en *si majeur*, du 81e? Ce morceau est, sans contredit, l'un des plus beaux de la musique instrumentale. Vient enfin un charmant quatuor en *sol*, et le dernier en *fa*, dont l'*andante* est plein de noblesse et de distinction.

Je vous ai fait parcourir rapidement cette collection des quatuors de Haydn, qui sont certainement l'une de ses plus belles gloires; ils seront toujours l'un des charmes de la musique intime, et trouvent aujourd'hui, comme autrefois, des interprètes éclairés et habiles, à qui il appartient de les faire apprécier à ceux qui les ignorent.

CINQUIÈME LETTRE.

LE BARBIER DE SÉVILLE.

G. Rossini est l'un des plus brillants compositeurs qui aient illustré la scène lyrique. Doué d'une imagination extraordinaire, il a écrit avec une facilité et une abondance d'idées peut-être uniques. Ses mélodies sont toujours élégantes, et deviennent grandes et élevées lorsque le sujet le comporte ; son harmonie est pleine, brillante et sonore, et souvent très-ingénieuse et remarquable par des effets neufs et piquants, qui sont dus plutôt à l'imagination qu'au travail. Rossini n'a pas fait, dans sa jeunesse, des études aussi complètes ni aussi ardues que la plupart des grands compositeurs qui ont illustré l'Italie, mais il semble que son génie lui ait révélé ce que d'autres n'apprennent d'ordinaire qu'au moyen d'études longtemps suivies. Ses premiers essais brillent déjà par une richesse de coloris qui lui appartient d'une manière toute spéciale, et il n'a fait constamment que grandir pour terminer sa carrière musicale par un admirable chef-d'œuvre.

Si on voulait examiner les ouvrages qu'il a composés, il faudrait écrire un volume, et je laisse ce soin à des plumes habiles; je vous rappellerai simplement quelques-unes de ces belles compositions qui ont fait si souvent l'admiration des dilettantes : *Tancrède,* opéra d'une fraîcheur si charmante, la *Gazza ladra,* ouvrage si brillant et si plein des plus touchantes inspirations, le délicieux opéra bouffe du *Turc en Italie,* si admirablement interprété par Lablache, le charmant opéra du *Comte Ory,* les splendeurs de *Moïse* et de *Guillaume Tell,* les inspirations dramatiques d'*Otello,* enfin le délicieux opéra du *Barbier de Séville,* auquel je m'arrête de préférence, sans trop savoir pourquoi.

Le *Barbier de Séville* est une charmante comédie, bien digne du génie du célèbre compositeur italien; et si l'on examine de près le caractère de Beaumarchais et celui de Rossini, on y trouvera des rapports qui reparaissent dans l'œuvre du poëte et dans l'œuvre du compositeur : — Beaumarchais, esprit fin et railleur, plein d'amabilité et de courtoisie, remarquable par un admirable bon sens, qui est toujours la pierre de touche du goût ; — ne trouvez-vous pas de tout cela dans Rossini ? En vérité, je crois que ces deux hommes étaient faits pour se comprendre et qu'ils auraient dû naître le même jour.

Quelle charmante idée que la comédie de Beaumarchais, et en même temps quelle grâce, quel naturel et quelle unité dans l'action ! Il y a chez cet écrivain quelque chose du génie de Cervantes ; il est facile de reconnaître aussi qu'il avait souvent étudié Molière et Regnard, ainsi que les pièces du théâtre espagnol. Quelle peinture, quels caractères ! Bartholo, ce tuteur vieux et laid, grondeur et jaloux, puis avare, soupçonneux, voulant s'emparer à la

12

fois de la fortune et des charmes de sa pupille, cette délicieuse Rosine, adorable jeune fille de seize ans, qui ne songe qu'à aimer quelque jeune et beau cavalier qui la délivre de l'odieuse oppression qu'elle déteste. Ensuite, le comte Almaviva, jeune seigneur brillant de jeunesse, beau, riche, et qui aime Rosine comme on aime à vingt ans; puis Figaro, le spirituel, le hardi, l'entreprenant Figaro, qui n'est pas encore devenu un grand personnage, mais qui entend parfaitement l'art de mener une intrigue à bonne fin; puis dom Basile, caractère secondaire, mais rapidement esquissé avec une plume qui connaît son personnage.

Avec un pareil ensemble, il est facile de prévoir le dénoûment de la comédie, ce qui démontre, d'ailleurs, la vérité des caractères qui se trouvent en rapport avec l'événement; mais il arrive toutes sortes d'incidents imprévus, de combinaisons ingénieuses, qui donnent à l'action un intérêt constamment soutenu.

Un pareil sujet, des caractères si habilement

tracés, étaient bien faits pour exciter la verve spirituelle du compositeur, qui s'est montré digne de son poëme. Son ouverture est écrite avec élégance et entrain, et contient, dans l'*adagio* et dans l'*allegro*, des phrases charmantes. La toile se lève, et à une sérénade succède un délicieux *solo* chanté par le ténor (*Ecco ridente il cielo*), puis un autre morceau en *six-huit* auquel Rosine répond, cachée derrière sa jalousie; tout cela est d'une fraîcheur exquise. Bientôt Figaro fait entendre un air, type de *brio* italien, puis un duo avec Almaviva, non moins charmant que les morceaux qui précèdent. La scène change, et Rosine paraît dans toute sa grâce et dans toute sa beauté; elle chante cet air ravissant qui ne pouvait être fait que pour elle (*Una voce poco fa*), cet air dont l'élégance et la suavité ne sont ignorées d'aucune femme, puis un charmant duo avec Figaro. Vient ensuite la scène du *Maréchal du régiment*, et le finale du premier acte, admirable d'harmonie, et dans lequel la partie vocale est écrite avec une sonorité si parfaite.

Mais j'oubliais l'air de *la Calomnie*, d'une expression si large et si belle, et celui de Bartholo, si bien en rapport avec le personnage.

On remarque aussi dans le second acte plusieurs charmants morceaux, et l'opéra se termine par une brillante *polacca* qui célèbre gaiement le triomphe de la jeunesse et de l'amour. Je voudrais vous rappeler toutes les parties, tous les détails de ce charmant ouvrage du *Barbier de Séville*, mais je n'ai pas la partition sous les yeux et je vous écris de souvenir, sachant que vous êtes parfaitement à même de combler les lacunes.

Bien que le rôle d'Almaviva ne fût pas écrit tout à fait dans la voix de Rubini, il le chantait avec une rare distinction et la perfection qu'il apportait dans tout ce qu'il entreprenait; il était surtout ravissant dans la sérénade de la première scène et dans la romance chantée sous les jalousies de Rosine. Lablache et Tamburini ont admirablement chanté le rôle de Figaro, et, dans ces derniers temps, Lablache a fait ressortir la partie de Bartholo avec le talent et la verve qu'on lui connait. Vous avez entendu successivement trois cantatrices de grand talent dans le rôle de Rosine : Giulia Grisi, qui était alors dans tout l'éclat de sa beauté, Persiani, et enfin cette ravissante cantatrice qui, après avoir quitté le théâtre qu'elle avait illustré au temps de la célèbre Malibran, est revenue nous faire entendre cette délicieuse voix de *soprano* qui fut longtemps le monopole des salons de l'Allemagne. Certes, il serait bien difficile de donner la préférence à l'une de ces trois admirables cantatrices, qui brillent, d'ailleurs, par des qualités qui ne sont pas les mêmes ; cependant, si vous voulez que je vous exprime une opinion, je crois que celle qui mérita autrefois des éloges si complets dans le rôle d'Aménaïde peut prétendre à une suprématie qu'on ne saurait séparer ici du nom de Sontag.

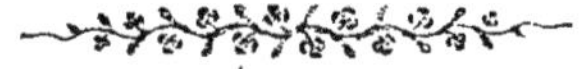

SIXIÈME LETTRE.

LES NOCES DE FIGARO.

Qui ne connaît cette comédie célèbre du *Mariage de Figaro*, si charmante à la lecture, si vive et si alerte à la représentation, et pour laquelle les comédiens ont toujours réuni tout ce qu'ils avaient de talent, d'expérience et de grâce? Vous savez que la pièce du *Mariage de Figaro* fut mise au jour quelques années avant la révolution française; vous savez aussi toutes les difficultés qu'éprouva l'auteur à faire représenter sa comédie au Théâtre-Français. Le roi, qui en avait compris la portée, s'était opposé d'abord à ce qu'elle fût jouée; mais bientôt des lectures successives faites dans les principaux salons de Paris, puis de hautes influences étrangères, enfin, la curiosité de la cour, engagèrent Louis XVI à permettre que le *Mariage de Figaro* fût représenté à Gennevillers; et, à la fin, Beaumarchais s'y prit si bien, qu'il arriva à obtenir la représentation publique de sa pièce au Théâtre-Français. Hélas! ne voit-on pas dans cette circonstance un indice de la bonté royale, qui, dégénérant en faiblesse, ne savait pas résister au torrent de l'opinion publique, qui, dans les petites choses comme dans les grandes, débordait le trône de toutes parts!

Il ne faut pas, cependant, porter sur l'œuvre de Beaumarchais un jugement trop sévère, ni attribuer à son auteur des intentions qu'il n'a jamais eues. Esprit actif, entreprenant, ardent et moqueur, il voulait montrer les abus de son temps, il voulait faire une comédie dans toute l'acception du mot; mais ni lui, ni les esprits fermes et honnêtes qui applaudissaient sa pièce ne songeaient à provoquer la chute d'un trône qui devait entraîner la France aux plus affreux désordres.

Revenons aux premiers succès du *Mariage de Figaro*.

Je ferais presque un reproche à Beaumarchais, c'est d'avoir reproduit les mêmes personnages dans trois pièces successives. C'étaient deux si charmants caractères que Rosine et Almaviva dans le *Barbier de Séville*, deux amants si heureux de voir leurs désirs couronnés par le succès! Pourquoi les faire reparaître dans une autre pièce, et nous les montrer, ces époux qui devaient goûter tant de bonheur, ennuyés, fatigués l'un de l'autre? Voici cette charmante Rosine, devenue femme du comte, qui écoute les soupirs d'un page, et le comte lui-même qui songe à séduire la suivante de sa femme, qu'il fait épouser en même temps à Figaro, qui, Dieu merci, ne sera pas la dupe de son maître, parce qu'il unit ses destinées à celles d'une jeune fille qui l'aime et qui veut lui être fidèle. Enfin, tout cela finit par des chansons, mais il faut avouer que c'est grâce à la sagesse de Suzanne, personnage nouveau et charmant, qui console un peu des faiblesses de Rosine et des projets du comte Almaviva. Il faut le dire, l'intérêt de la pièce se concentre principalement sur le personnage de Figaro, qui est devenu le héros de Beaumarchais, et auquel il donne sa verve, son esprit, sa critique hardie, et sur celui de Suzanne, qui rappelle l'enjouement et la grâce de la Rosine du *Barbier de Séville*.

Vous le savez, bien avant sa première représentation, le *Mariage de Figaro* avait déjà acquis de la réputation dans toute l'Europe; l'impératrice de Russie avait été jusqu'à dire que si cette comédie n'était pas jouée à Paris, elle la ferait représenter à Saint-Pétersbourg. Enfin, elle fut jouée à Paris, et son succès surpassa toutes les prévisions.

C'est cette pièce que Mozart fut chargé de mettre en musique, sur la demande de l'empereur d'Autriche. C'était une entreprise difficile; il fallait se tenir à la hauteur du poëme, se bien pénétrer de tous les caractères de la comédie, et suivre une intrigue compliquée et surchargée d'incidents de toutes sortes. Mozart n'hésita pas un instant, se mit à l'œuvre, et au bout de quelques mois parut le charmant opéra des *Noces de Figaro*. Que de grâce, que d'esprit, que de charme dans cette composition musicale! Je vous en ai parlé ailleurs, et je me répéterais en vous entretenant de nouveau des morceaux remarquables qui abondent dans l'œuvre de Mozart; et cependant je ne puis vous quitter encore sans vous rappeler l'ouverture de l'opéra, qui pétille de vivacité, et où l'on distingue des chants gracieux et de beaux passages de suspension d'accords qui apparaissent deux fois sur le motif du début avec un effet et un à-propos qui révèlent le goût le plus pur uni à la science du compositeur. Qu'il y a de charme et de grâce dans le premier duo chanté par Suzanne et Figaro! quelle verve guerrière dans l'air de Figaro faisant ses adieux au page qui part pour l'armée, quelle noblesse dans la cavatine de la comtesse! — ce morceau ne rappelle-t-il pas les beaux *adagio* des compositions instrumentales de Mozart? Que d'esprit, que de distinction dans le duo de Suzanne et d'Almaviva, au second acte; quel charme suave dans le duo chanté par Suzanne et la comtesse; enfin, quel savoir et quels admirables développements dans le finale du premier acte! Je me répète malgré moi, je le sens, et je m'arrête. Je termine en vous recommandant de ne jamais manquer l'occasion d'entendre les *Noces de Figaro*, lorsqu'elle se présentera dans de bonnes conditions; je vous assure que vous ne regretterez pas le temps que vous aurez passé au théâtre ces jours-là.

SEPTIÈME LETTRE.

LE MARIAGE SECRET.

Il est des noms heureux qui semblent destinés à devenir célèbres et qui préviennent en faveur de ceux qui les portent : tel est celui de Cimarosa. Il serait difficile, en effet, de trouver dans un nom propre des consonnances plus douces, une euphonie plus parfaite ; on pourrait placer le nom de Cimarosa à côté de ces beaux noms grecs qui semblent faits pour les vers.

Ce célèbre compositeur, né à Naples en 1754, termina sa carrière à Venise, à l'âge de quarante-six ans. Il reçut des leçons d'Aprile, qui était à la fois chanteur et compositeur, puis il fut admis au conservatoire de Loretto, et là, initié aux principes classiques et sévères de l'école de Durante. Plus tard, il passa quelque temps à Saint-Pétersbourg, où il avait été appelé par l'impératrice Catherine, mais ce fut en Italie qu'il se fixa, et c'est de ce pays que sa réputation s'étendit dans toute l'Europe. Il a composé environ vingt-cinq opéras, de 1779 à 1800. *L'Imprudente Fortunato*, son dernier ouvrage, fut représenté à Venise, peu de temps avant sa mort.

Les opéras de Cimarosa se font remarquer par des chants pleins de charme, par une harmonie douce et pénétrante; ses accompagnements sont riches et distingués, et peuvent être donnés pour modèles dans le genre léger et gracieux. On serait tenté de dire qu'il est, sous ce rapport, l'émule de Mozart, qui a puisé quelques-unes de ses plus gracieuses inspirations à la même source que l'auteur du *Mariage secret*.

Cet opéra est regardé comme le chef-d'œuvre de Cimarosa; il fut donné à Naples en 1793, et obtint un succès d'enthousiasme. Il est resté au théâtre depuis cette époque, et vous l'avez entendu chanter, il y a peu d'années, à Paris, avec cet ensemble parfait qui distingue les chanteurs italiens. C'est un ouvrage ravissant, d'une délicatesse et d'une grâce qui l'empêcheront de vieillir : je vous assure qu'on l'entendra toujours avec charme, lorsqu'il sera bien rendu. J'éprouve une douce joie à me rappeler avec vous les délicieux passages de cet opéra que nous avons plusieurs fois applaudi, et qui nous berçait d'une manière si suave, après les transports excités par les mâles accents d'*Othello* ou les splendides harmonies de *Don Juan*.

Le premier duo, chanté par Paolino et Caroline, est d'une grâce charmante, et exprime bien les craintes et les joies d'un premier amour ; puis l'on remarque bientôt un joli trio bouffe, chanté par les trois femmes, et ensuite un beau quatuor, en *mi bémol*, écrit pour les voix d'une façon aussi ingénieuse que piquante. Ce quatuor est suivi d'un duo chanté par le comte *Robinsone* et Paolino, qui renferme, dans la partie de ténor, des passages pleins de sentiment; puis, après un air de Caroline, on arrive au finale du premier acte, morceau étendu, aussi varié dans ses mouvements que dans ses effets, et dont le début est une mélodie pleine de charme et d'abandon.

Le second acte commence par un admirable duo bouffe, chanté par le comte et Geronimo. Ce morceau est plein de verve, et peut être cité comme l'un des chefs-d'œuvre de l'école italienne. Il commence par un mouvement vif, auquel succède un passage en *douze-huit* qui ramène le motif du début, et se termine par un mouvement en *six-huit*, d'un effet et d'un *brio* qui enlèvent le spectateur. Tamburini et Lablache chantaient ce duo avec toute la verve qu'il comporte, et Lablache y ajoutait un jeu comique qui pouvait donner l'idée des excellentes bouffonneries napolitaines.

J'avais hâte de vous parler de l'air de Paolino (*Pria che spunti in ciel l'aurora*), qui est peut-être le chef-d'œuvre de Cimarosa. Il débute par un *andante sostenuto* qui commence en *mi bémol* et finit en *si bémol;* cet *andante* est d'une expression ravissante : la mélodie, d'une douceur exquise qui va au cœur, est conduite avec simplicité, mais avec un goût irréprochable. L'*allegro vivace,* en *mi bémol,* qui suit, a de la verve, bien que le sentiment y domine sans cesse ; on distingue dans l'accompagnement une gamme ascendante reproduite plusieurs fois avec infiniment de charme, et, après les deux points d'orgue, une phrase ravissante (*Sposa cara*) pour la voix de ténor ; puis l'air se termine de la façon la plus brillante, et tout à fait dans le genre des cavatines italiennes que nous avons applaudies si souvent.

C'est encore ici que l'on doit rendre hommage au chanteur illustre qui avait adopté cet air, comme l'un de ceux destinés à faire connaître au monde l'élévation de ses moyens et la perfection d'un talent hors ligne ; supérieurement écrit sous le rapport de l'art du chant, l'air de Paolino semblait fait pour Rubini lui-même, se trouvait parfaitement dans sa voix, surtout avec le diapason actuel. Vous vous rappelez quels frémissements le célèbre interprète de Cimarosa excitait au théâtre en chantant ces gracieuses mélodies ; quelle douceur, quelle suavité il mettait à rendre tous ces passages qui pénètrent l'âme d'une manière si délicieuse! En un mot, Rubini était la perfection incarnée du chant, soit qu'il fit entendre les mélodies touchantes de Cimarosa ou de Bellini, soit qu'il se rendît l'interprète des belles inspirations de Rossini ou de Mozart[1].

Après l'air de Paolino, on remarque encore plusieurs morceaux charmants dans le second acte du *Matrimonio segreto*, entre autres un quintette précédé d'un récitatif, et un gracieux *duettino* qui amène le finale. Ce dernier morceau, parfaitement traité, est le dénoûment de la pièce, qui se termine si heureusement pour les deux amants qui se sont acquis, à bon droit, les sympathies du

1 Par une coïncidence singulière, cette lettre a été écrite quelques jours avant la mort de Giacomo Rubini.

spectateur. — Vous n'avez pas oublié, je le sais, tout le plaisir que nous avons éprouvé aux représentations du *Mariage secret*, et combien nous avons regretté souvent de ne pouvoir entendre quelques-uns des autres ouvrages de Cimarosa. Dieu veuille que nous retrouvions un jour ces sensations si douces d'autrefois; heureux du moins de pouvoir nous entretenir de souvenirs qui nous sont si chers!

HUITIÈME LETTRE.

ZÉMIRE ET AZOR.

Grétry naquit à Liége en 1741. Ayant cultivé la musique dès son plus jeune âge, il se rendit à Rome, en 1759, afin de se perfectionner dans cet art qu'il aimait de passion. Là, il reçut des leçons du maître de chapelle de Saint-Jean-de-Latran, Casali, dont les compositions religieuses sont remarquables par la pureté du style, et, après quelques années de séjour dans la ville des arts, il y donna, en 1765, son opéra du *Vendemiatrice,* qui eut du succès et fut applaudi, dit-on, par Piccini. Bientôt Grétry eut l'idée de venir en France, et se rendit d'abord à Genève, où il composa, en 1767, son opéra d'*Isabelle et Gertrude.* Il visita Ferney, et fut présenté à Voltaire, qui lui fit l'accueil le plus cordial et le plus flatteur. Enfin il arriva à Paris, et obtint, non sans peine, de Marmontel, le poëme du *Huron*, dont la musique fut composée en six semaines et accueillie par les plus vifs applaudissements. Dès lors la réputation de Grétry fut établie en France, et il donna pendant plus de trente ans, tant à la Comédie-Italienne qu'au Grand-Opéra, environ quarante ouvrages, dont la plupart sont remarquables par des mélodies gracieuses, touchantes et d'un style élevé. Il composait avec la plus grande facilité, aussi distingue-t-on dans ses ouvrages beaucoup de naturel uni à une certaine simplicité souvent empreinte d'une expression passionnée qui subjugue le cœur et assure le succès. Élève de l'école italienne, il a toujours considéré l'orchestre comme destiné seulement à accompagner le chant, et ne lui accorde qu'un rôle secondaire.

Nous avons ouï chanter avec un vif plaisir les opéras les plus renommés de Grétry, et je ne puis me rappeler sans émotion la musique passionnée et touchante de *Zémire et Azor*, l'un de ses meilleurs ouvrages. Cet opéra fut représenté pour la première fois à Fontainebleau, pendant l'automne de 1770, et parut l'année suivante sur la scène de la Comédie-Italienne. Grétry nous apprend lui-même que le succès de *Zémire et Azor* fut extraordinaire, et ajoute naïvement qu'il a toujours cru que les traits charmants de Clairval, qui se devinaient à travers son masque, avaient contribué à l'illusion du rôle d'Azor, que cet acteur représentait.

Quelques mots sur la musique de cet opéra.

Le premier air de baryton, chanté par Sander, est d'un beau style, et d'une allure ferme et décidée qui fait un heureux contraste avec le second air, en *fa mineur*, chanté par le même personnage, et où l'on distingue un caractère de tendresse et de désespoir qu'explique bien la situation. Le style du premier morceau de Sander reparaît dans l'air, en *ré*, chanté par le ténor. Ce morceau, lorsqu'il est rendu avec véhémence, mais sans une exagération qui serait de mauvais goût, produit une très-vive impression.

Au second acte, l'air chanté par Zémire, *Rose chérie*, est d'une naïveté pleine de tendresse. Au troisième acte, l'air d'Azor, *Ah! quel tourment d'être sensible*, est un morceau de premier ordre; le style en est élevé et d'un caractère à la fois doux et passionné qui émeut jusqu'au fond du cœur. Puis vient l'air de la *Fauvette*, chanté par Zémire, qui est d'une délicatesse et d'une grâce charmantes; il y a dans l'accompagnement de cet air une certaine simplicité qui donne peut-être encore plus de douceur à la mélodie; les passages de flûte qui répondent aux traits rapides de la cantatrice produisent une impression délicieuse, à laquelle se joint je ne sais quelle sensation naïve qui enchante et séduit. Cet air est suivi du trio chanté par Sander et ses deux filles, au moment où Azor les fait voir à Zémire dans un tableau magique.

Au quatrième acte, l'air chanté par Azor, *Toi, Zémire, que j'adore*, est encore empreint de cette tendresse passionnée qu'on distingue si souvent dans la musique de Grétry; il est précédé d'un récitatif bien coupé et bien scandé, qui amène le début de l'air de la manière la plus heureuse. Enfin Zémire revient, elle appelle le monstre qui lui causait tant d'effroi, et qu'elle aime maintenant malgré sa laideur. Bientôt il reparaît; mais ce n'est plus le personnage hideux qui remplissait l'âme de crainte : c'est un prince jeune et charmant, qui se met aux genoux de Zémire. Je suppose que c'est en ce moment que les traits enchanteurs de Clairval produisaient leur plus vive impression.

Il y a dans l'opéra de *Zémire et Azor* un certain charme qu'on trouve trop rarement dans les ouvrages nouveaux, c'est une union parfaite entre la musique et les paroles, non-seulement sous le rapport des situations, mais aussi en ce qui touche le chant et la déclamation. On ne saurait négliger cette partie essentielle dans la composition d'un opéra, sans nuire à la fois au poëme et à la musique.

NEUVIÈME LETTRE.

FANTASIA.

Il y a quelques années, revenant d'Italie, je m'arrêtai à Strasbourg, grande et vieille ville, dont la physionomie m'a toujours plu singulièrement. Le jour de mon arrivée, après avoir fait ma provision de cigares et d'eau de Cologne dans un petit magasin que je visite depuis plus de vingt ans, je m'acheminai dans la soirée vers la belle promenade appelée *Contad,* située en dehors des remparts. Le *Contad* est l'œuvre de Lenôtre, et l'on y reconnaît la trace du savoir de l'habile dessinateur des jardins de Versailles; cette promenade se compose de grandes avenues qui se croisent, de manière à former un rond-point qui se trouve le centre d'une immense étoile de verdure. Les arbres sont de la plus grande beauté, et leurs feuillages, qui se réunissent vers leur cime, forment ainsi de magnifiques berceaux de verdure, sous lesquels on respire la fraîcheur pendant la saison d'été. Je marchai quelque temps dans ce beau lieu; puis, bientôt, mon attention fut attirée vers une extrémité de la promenade par des faisceaux de lumière qui resplendissaient et par les sons d'une musique vive et animée. Je me dirigeai vers cet endroit, et là, sous de grands marronniers éclairés de toutes parts, je me trouvai au milieu d'un grand nombre de personnes, hommes et femmes, qui paraissaient écouter avec un vif plaisir la musique qu'on exécutait; les hommes fumaient en même temps et faisaient honneur à une quantité de pots de bière que l'on distribuait de tous côtés avec autant d'activité que d'abondance. Je finis par m'asseoir à la seule table qui fût vacante, et j'imitai bientôt les personnes qui m'entouraient, m'enveloppant dans un nuage de fumée, qui s'élevait en spirale tout autour de moi. Les musiciens, après s'être arrêtés un instant pour reprendre haleine, se mirent à jouer une valse entraînante, qui me rappelait cette scène de délire dans laquelle les âmes de Werther et de Charlotte se confondent au milieu du tourbillon et de l'ardeur de la valse.

Pendant ce temps, un inconnu était venu s'asseoir à la table que j'occupais; il était revêtu d'un costume étrange et singulier, et qui n'avait aucune ressemblance avec le nôtre : il portait une petite perruque poudrée, un habit de soie vert-pomme orné de larges boutons d'acier, une culotte de même couleur, un gilet blanc et une petite épée à poignée d'acier. Sa physionomie était mélancolique, mais ses yeux s'animaient parfois d'un feu singulier. Lorsque la valse fut finie, je lui adressai la parole. — Voilà de bons musiciens, lui dis-je, je voudrais qu'ils nous fissent voir mieux encore ce dont ils sont capables, en exécutant un morceau de maître. — Vous avez sans doute remarqué, répliqua l'inconnu, que ce petit orchestre se compose seulement de quelques clarinettes, d'une flûte, de deux cors et de deux bassons. — Cela est vrai, répondis-je, mais ces instruments sont si bien dirigés, qu'il me semble possible d'exécuter, même avec si peu de ressources, quelque composition plus importante qu'une simple valse. — Vous le voulez, ajouta l'inconnu en souriant; puis il fit un signe, et aussitôt celui qui dirigeait la musique, et qui jouait en même temps de la petite clarinette, se trouva près de lui. L'inconnu lui dit quelques mots à voix basse, et le chef de musique, s'étant incliné avec respect, revint à son pupitre. Les musiciens accordèrent leurs instruments avec le plus grand soin, et, après quelques instants de silence, j'entendis le petit orchestre commencer un *adagio* large et accentué; à la quatrième mesure, je fus saisi d'une impression soudaine, un éclair traversa ma pensée; je regardai l'inconnu; il était pâle; sa physionomie prenait un aspect de sombre mélancolie, et ses yeux brillaient et étincelaient comme le diamant. — C'est l'ouverture de *Don Juan*, m'écriai-je. — Il semblait écouter avec une vive attention, et quelquefois il indiquait légèrement la mesure au moyen de l'index de la main gauche, qu'il tenait posée sur la petite table que nous occupions. Lorsque l'*adagio* de l'ouverture fut terminé et que l'*allegro* commença, sa physionomie prit un air de douce gaieté, et il se mit à suivre d'un léger mouvement de tête la fanfare placée à la septième mesure de cet *allegro;* puis, lorsque arriva la fin de l'ouverture, je vis presque soudainement s'éteindre le feu de ses yeux, et toute sa personne s'amoindrir à tel point, que sa forme, devenue pour ainsi dire insaisissable, s'évanouit au milieu des nuages de fumée qui m'environnaient.

Je m'interrogeai, tout surpris; était-ce une apparition? était-ce une réalité? Je demandai à un vieillard qui se trouvait près de moi s'il avait remarqué l'inconnu qui s'était assis à ma table quelques instants auparavant, et, sur l'air d'étonnement qu'il manifesta, je lui décrivis ses traits et son costume. — Je n'ai rien remarqué, me répondit-il, si ce n'est que vous avez été seul à cette table depuis le moment où vous vous y êtes placé; quant à l'inconnu dont vous me parlez, son air et son costume, dont vous venez de me donner la description, me rappellent un homme de génie, mort il y a plus de cinquante ans, et trop tôt pour la gloire musicale de l'Allemagne; mais il était doué d'une force créatrice si puissante, que, malgré sa fin prématurée, il tient encore avec Beethoven le sceptre de la composition musicale dans ce pays-là. Je l'ai entendu à Francfort un an avant sa mort; il exécuta ce jour-là, sur le clavecin, un concerto de sa composition. Cela était sublime; il fallait l'entendre, au milieu de l'enthousiasme des assistants, improviser des points d'orgue qui semblaient faire pâlir le concerto lui-même. Hélas! il y a de cela bien longtemps; j'étais alors bien jeune; je n'ai jamais entendu depuis rien de pareil, rien d'aussi beau, d'aussi merveilleux, et j'y pensais encore il y a un moment en écoutant le morçeau que vous venez d'entendre, et qui est l'un de ses chefs-d'œuvre. — En vérité, lui dis-je, tout cela est bien étrange. — Non, ajouta le vieillard en me serrant la main, on dit qu'il se montre quelquefois à ceux qui l'aiment. — Une larme brûlante s'échappa de mes yeux et tomba sur la main de mon interlocuteur, que je pressai à mon tour avec effusion; puis je revins à la ville silencieux et pensif.

DIXIÈME LETTRE.

DE LA MUSIQUE INTIME.

A M. Louis C...

Il y a bien des manières d'aimer la musique; il y en a plus encore, peut-être, d'en faire. L'orchestre, le *solo*, le quatuor, l'accompagnement, offrent à ceux qui cultivent la musique un vaste champ de jouissances et de dédommagements des travaux pénibles qui sont inséparables de l'étude de cet art. Mais parmi tous ces modes, n'est-ce pas particulièrement la musique intime, c'est-à-dire la musique de quatuor et celle de piano, qui nous fait éprouver ces joies douces que ce genre de musique peut nous permettre de renouveler facilement? C'est à vous que j'écris cette lettre, à vous qui le premier m'avez initié aux charmes de cette musique qui se fait entre amis, et dont les plus grands maîtres ont si bien compris l'importance, qu'ils y ont consacré un grand nombre et même le plus grand nombre de leurs compositions.

Il fut un temps, aujourd'hui bien loin de nous, où nous passions plusieurs jours de la semaine à faire de la musique de quatuor; eh bien! je ne songe jamais sans une émotion vive à cette manière si douce et si charmante de passer les heures. Que de fois, dans un cercle peu nombreux d'amis, n'avons-nous pas passé en revue les belles compositions de Haydn, de Mozart, de Beethoven, de Fesca et d'Onslow; quelles jouissances n'avons-nous pas éprouvées à les faire entendre et à les admirer nous-mêmes!

Est-ce à vous que je rappellerai ces belles séances de musique intime où Baillot développait si hardiment la puissance d'un talent de premier ordre, à vous qui avez eu l'honneur d'accompagner ce maître, qui a été le vôtre? Je le sais, personne mieux que vous n'apprécie les charmes du genre de musique dont je vous entretiens, et c'est précisément pour ce motif que je m'adresse à vous, assuré d'avance de rencontrer encore dans votre cœur des sentiments sympathiques qui ne m'ont jamais fait défaut.

En Allemagne, vous le savez, il n'existe pas une bourgade où l'on ne fasse de la musique de quatuor. En France, cette musique n'est connue qu'à Paris et dans quelques grandes villes; elle est presque complétement ignorée en Italie, tandis qu'elle est assez répandue en Espagne et en Angleterre. Mais je suis persuadé qu'avec le temps elle sera mieux comprise et mieux appréciée du public, qui trop souvent lui préfère des compositions légères, sans intérêt et sans valeur. Continuez donc à jouir de votre talent, et toujours faites connaître, avec ce sentiment du beau et du vrai qui vous anime, les admirables compositions des grands maîtres de l'Allemagne.

La musique de piano, qui peut être rendue par un seul virtuose, offre aussi de grandes ressources dans l'intimité. Mozart, Beethoven, Weber, Mendelssohn, ont écrit pour cet instrument une foule de morceaux où apparaissent dans tout leur éclat la puissance et le grand style de ces compositeurs. Sonates, concertos, morceaux de fantaisie, ils ont jeté à profusion dans leurs compositions pour le piano tout ce que leur génie et le travail leur ont donné.

Enfin, la musique de piano a peut-être encore plus de charme lorsqu'on adjoint à cet instrument le violon, et même le violoncelle et l'alto. C'est de cette manière que Mozart, Beethoven, Mendelssohn, ont composé d'admirables sonates, trios et quatuors, qui enchantent ceux qui les exécutent et ceux qui savent les écouter; et lorsque cette musique est interprétée dans de bonnes conditions, c'est-à-dire avec un pianiste qui en comprend l'ensemble, et dont le talent lui permet d'aborder avec sûreté les difficultés d'exécution qu'on y rencontre, elle offre autant d'attraits que le quatuor d'instruments à cordes, et peut produire autant d'effet. Il faut ajouter que le violon et le violoncelle sont capables, ainsi que le disait Piccini, de rendre tous les genres d'expression, et que réunis au piano, qui développe si bien toute la puissance de l'harmonie, et dont une main habile et une haute intelligence musicale savent encore tirer tant d'expression, un pareil ensemble bien conduit et bien soutenu est de nature à produire de grands effets.

Je vous l'ai déjà exprimé, je sais que ces pensées sont les vôtres; et si nous sommes aujourd'hui séparés et destinés, peut-être, à ne nous revoir que pour bien peu de temps et à des intervalles bien éloignés, qu'elles soient du moins un témoignage de la similitude de nos sentiments, et qu'elles coopèrent à entretenir entre nous cet amour de l'art que vous avez autrefois contribué à développer en moi.

ONZIÈME LETTRE.

GEORGES ONSLOW.

A M. le marquis J. de S...

Au moment où j'écrivais ces lettres, la mort est venue nous enlever un homme excellent, dont les sentiments élevés et généreux ne se sont jamais démentis. J'ai également apprécié, ainsi que vous qui avez été son ami, tout ce qu'il y a de talent et de charme dans les compositions de musique instrumentale qu'il nous a laissées, et si je vous entretiens dans cette lettre de Georges Onslow, c'est non-seulement pour répondre aux sentiments que vous m'avez exprimés, mais encore afin de rendre hommage à la mémoire d'un compositeur éminent, dont nous devons nous honorer.

Georges Onslow naquit en 1784, à Clermont, grande et belle ville située au milieu des montagnes pittoresques de l'Auvergne. Son père était le second fils de lord Onslow, membre du parlement d'Angleterre ; voyageant en France, il s'éprit, à Clermont, de mademoiselle de Bourdeilles, qui était remarquablement belle, l'épousa, et se fixa dans cette ville, qui fut ainsi le lieu de naissance de l'ami que vous regrettez. Georges Onslow allait quelquefois en Angleterre, afin de visiter sa famille paternelle, qui a conservé un rang distingué dans l'aristocratie de ce pays, mais il appartient à la France par la naissance, par ses talents, par son patriotisme, qui était aussi élevé que son affection pour ses amis était vive.

Dans sa première jeunesse, Georges Onslow ne s'est occupé de musique que d'une manière secondaire. Il reçut des leçons de piano de Hüllmandel, de Dusseck et de Cramer ; il jouait aussi du violoncelle. Mais bientôt des chants neufs et distingués prirent naissance dans son imagination vive et enthousiaste ; il sentit le désir d'écrire, étudia la composition avec Reicha, et fit à son maître le plus brillant honneur par ses premiers essais. Dès lors, Onslow ne cessa de composer et d'apporter, pendant plus de quarante ans, aux artistes et aux amis de l'art musical, des compositions qui étaient toujours accueillies avec la plus vive sympathie.

Il était doué d'un esprit bienveillant, d'une amabilité parfaite ; sa conversation était vive et chaleureuse. Son existence fut douce, pleine de satisfaction et de jouissances délicates que lui donnaient la composition et l'audition de sa musique. Nous l'avons vu souvent heureux jusqu'à l'enthousiasme, lorsqu'il entendait ses quintettes bien exécutés, et qu'il remarquait les vives impressions que sa musique produisait sur ceux qui savaient en apprécier les beautés. Il a composé plusieurs opéras, quelques morceaux de musique sacrée, un grand nombre d'œuvres pour le piano, parmi lesquels on distingue de charmants trios, des sonates, et un sextuor très-brillant. Mais c'est particulièrement sa musique pour instruments *à cordes* qui lui assigne un rang élevé parmi les meilleurs compositeurs. Il s'était pénétré des compositions de Haydn, de Mozart et de Beethoven, qu'il entendait souvent, et dont il admirait le travail et les sublimes inspirations, et il écrivit, dans cette manière, ses quatuors et ses quintettes que l'on entend avec le plus vif plaisir à côté des compositions de ces grands maîtres de l'école allemande.

Je désire terminer cette lettre en vous rappelant les principales beautés de cette musique qui nous a si souvent charmés ; vous n'avez pas oublié avec quelle élévation de style Baillot a fait entendre, à Paris, plusieurs quintettes d'Onslow, et vous savez avec quel ensemble merveilleux ils ont été exécutés en Allemagne, en Angleterre et en France, par les frères Müller [1].

[1] De Brunswick.

Georges Onslow a composé trente-six quatuors, et, bien qu'ils soient moins connus en France que ses quintettes, ils ne renferment pas moins de beautés. Le quatrième, en *ut mineur,* est remarquable par son allure vive et dramatique, qui contraste d'une manière heureuse avec des chants gracieux que font entendre parfois le violon et le violoncelle. Le cinquième renferme un *andante* qui débute par un chant simple et bien scandé, auquel succède un passage, en *ré majeur,* tout à la fois gracieux et chantant, qu'on ne saurait oublier. Le onzième commence par un *allegro maestoso,* en *ré mineur,* de la plus grande beauté, et d'un style large et élevé ; le motif du début est développé, dans le cours du morceau, avec un grand talent et l'expérience d'un compositeur sûr de lui-même ; les phrases chantantes succèdent, dans ce morceau, aux passages énergiques, en conservant l'unité de la composition d'une manière très-remarquable. L'*andante* de ce quatuor est un thème varié, en *fa,* qui rappelle la manière de

Haydn, que l'on retrouve d'ailleurs, souvent, dans les premières compositions instrumentales d'Onslow. Le douzième quatuor, qui suit, est également d'une excellente facture et parfaitement écrit; il renferme un *andantino* charmant, et se termine par un finale d'une allure vive et énergique. Le quatorzième se compose d'un *allegro, en six-huit,* plein de charme et de délicatesse, où l'on distingue un chant gracieux alternativement rendu par le violon, le violoncelle et l'alto. Puis vient un *andante* à *trois-huit,* d'un effet charmant, et dont l'exécution demande le plus grand soin; le menuet renferme des phrases heureuses, et le finale, qui est conduit avec vigueur, se distingue aussi par de jolis passages. Je me rappelle avoir entendu exécuter le quinzième par les frères Müller, de la manière la plus brillante; le premier morceau surtout et le finale excitèrent les plus vifs applaudissements dans l'assemblée. Vous parlerai-je du dix-septième? vous savez que c'est un admirable quatuor dont l'auteur a fait aussi un trio pour piano, violon et violoncelle : le premier morceau de ce quatuor est d'un style élevé qui rappelle l'*allegro* du onzième; l'*andante* qui suit est charmant, et le finale pétille de vivacité. Les trois quatuors connus sous les numéros 19, 20 et 21 (œuvre 46), dédiés à Habeneck, sont écrits dans un style très-large. Le premier contient un admirable *andante* en *la majeur;* tous les morceaux qui composent le second sont remarquables, et le troisième renferme un *adagio religioso* de la plus grande beauté et un charmant finale en *sol mineur*. Le trentième quatuor est aussi fort remarquable, d'un style élevé, et l'on y distingue un délicieux passage en *majeur* dans le menuet, qui est suivi d'un bel *adagio* en *la bémol*. Dans le trente-deuxième se trouve un *adagio* ravissant. Onslow s'étant éveillé au milieu d'une nuit d'automne, eut l'idée de ce morceau, se leva et l'écrivit, oubliant que la saison était devenue pluvieuse et que la nuit était froide; il était heureusement inspiré, car cet *adagio* est certes l'un des plus charmants de ceux qu'il nous a laissés. Quant à son dernier quatuor, le trente-sixième, vous l'avez récemment entendu, et vous savez qu'il peut être cité parmi les meilleurs qu'il ait composés.

Quelques mots sur ses quintettes, et je finis.

Les trois premiers ont une allure franche et décidée, et annoncent une imagination riche et féconde. Le cinquième, en *ré*, se compose d'un *allegro*, en *six-huit*, gracieux et charmant, d'un *largo* en *si mineur* dont le style est noble et élevé, d'un menuet *scherzando*, dans lequel Baillot faisait étinceler merveilleusement son coup d'archet *perlé*, et d'un finale plein de délicatesse et de légèreté, qualités qu'on retrouve aussi dans le dernier morceau du suivant. Le septième est très-remarquable; il est plein de feu et d'énergie, et le violoncelle y fait entendre des chants gracieux répétés avec le même charme par le violon. Le trio, en *la bémol*, du menuet contient des phrases élégantes et suaves, qu'on distingue également dans le beau finale de ce quintette. On admire, dans le huitième, un *andante* varié, morceau délicieux, qui est suivi d'un *allegro* dont l'allure est en même temps vive et dramatique. Le neuvième quintette est très-brillant; il débute par un *allegro*, à *trois-quatre*, d'un caractère vif et passionné, qui est suivi d'un admirable *andante* en *la mineur*, dans lequel le violoncelle fait sentir toute la richesse de son timbre suave et pénétrant. Puis vient un charmant *minuetto presto*, auquel succède un *allegro* chantant, où le violoncelle se fait encore entendre avec tout son charme. Le dixième a une allure dramatique qui se soutient dans tous les morceaux du quintette; l'auteur en a fait une symphonie, qui a été supérieurement exécutée par l'orchestre du Conservatoire. Le onzième quintette est une composition très-brillante; il commence par un bel *allegro* chantant et très-animé, auquel succède un *andante* en *ré mineur*, qui est certainement l'une des plus belles inspirations d'Onslow; le menuet qui suit est plein de charme, et le quintette se termine par un *allegretto* gracieux et chantant qu'on ne peut se rappeler sans un vif plaisir. Le douzième, dédié aux frères Bohrer, est l'un des plus connus ; le début du premier morceau est enchanteur ; puis à une rentrée rapide de violon et d'alto succède un délicieux chant de violoncelle, répété ensuite par le violon, passage qui reparaît dans la seconde reprise. Le *minuetto*, l'*adagio* et le finale de ce quintette produisent beaucoup d'effet. Le *minuetto* et l'*andante* du quinzième sont remarquables ; le seizième renferme des passages gracieux, et son finale est très-brillant. Le dix-septième est une fort belle composition.

Dans la dernière série des quintettes d'Onslow l'on remarque moins de chant que dans les compositions de sa jeunesse, mais ils sont parfaitement travaillés, et la plupart présentent de l'intérêt. Le vingt et unième se distingue par sa verve, et l'on y retrouve les chants gracieux d'autrefois ; il contient une belle partie de contre-basse qui a été supérieurement exécutée par M. Duriez, auquel est dédié ce quintette. Le vingt-troisième est très-brillant, et son *adagio*, en *mi majeur*, renferme des modulations ravissantes. On doit citer le vingt-cinquième, dédié au célèbre violoncelliste Servais, dont l'*adagio* est d'une grande beauté.

C'est là une analyse bien rapide et bien incomplète des quatuors et des quintettes de Georges Onslow; il faut entendre souvent cette musique : elle parle d'elle-même à nos organes charmés. Onslow n'est plus, mais il vit au milieu de nous par son souvenir et par les belles partitions qu'il a écrites. Plus que la France peut-être, l'Allemagne déplore sa perte, car vous savez combien ses compositions sont appréciées dans ce pays, qui naguère encore lui donnait, dans un festival célèbre, des preuves de son admiration et de sa sympathie. Sa place était depuis longtemps marquée à l'Institut de France, et si on lui fit attendre cet honneur, il eut du moins celui de succéder à l'une des plus grandes illustrations musicales de ces temps-ci.

DOUZIÈME LETTRE.

DE LA MUSIQUE ARABE.

Vous désirez avoir quelques données sur la musique arabe, dont l'étude offre bien plutôt un intérêt de curiosité que des comparaisons avec la nôtre qui soient de quelque utilité; cette musique présente d'ailleurs peu d'analogie avec le système de la musique européenne que nous a révélé le génie des grands maîtres des siècles passés.

Il existe différents ouvrages sur la musique arabe, mais ils présentent en général de la confusion et n'exposent pas toujours les mêmes principes. Ainsi, selon les uns, la gamme se divise en vingt-quatre sons, selon d'autres en dix-huit seulement; ce qui peut-être indiquerait des écoles différentes, ou des variétés inhérentes aux usages de différents pays. Quelque singulier que cela puisse nous paraître, il faut bien admettre qu'il soit possible de chanter des mélodies dans lesquelles les *intervalles* sont moindres que ceux de notre musique, et je serais disposé à penser que les chanteurs arabes ne s'arrêtent que passagèrement à certains d'entre eux, qui forment plutôt des notes d'expression que des notes susceptibles de supporter des accords. Ce que je puis vous dire de plus certain, c'est qu'il est dans la musique arabe une gamme qui se compose ainsi qu'il suit : *La, la* tiers de dièse [1], *la* deux tiers de dièse, *si, ut, ut* tiers de dièse, *ut* deux tiers de dièse, *ré, ré* tiers de dièse, *ré* deux tiers de dièse, *mi, fa, fa* tiers de dièse, *fa* deux tiers de dièse, *sol, sol* tiers de dièse, *sol* deux tiers de dièse, *la* octave. Les chants arabes sont simples et indiquent de la

[1] Il faut entendre ici par tiers de dièse le tiers d'un intervalle de seconde majeure.

musique tout à fait primitive, mais les musiciens égyptiens les chantent en les surchargeant d'une quantité d'ornements, chacun selon son goût et son caprice, à tel point qu'il faut une grande habitude de cette musique pour reconnaître un air chanté par deux virtuoses différents. Les Européens qui l'entendent pour la première fois perçoivent des sons qui blessent vivement l'oreille, mais on assure qu'avec le temps on finit par y trouver un certain charme. Quant aux instruments, ils ne sont qu'une imitation grossière de la voix, à laquelle ils mêlent des bruits peu harmonieux qu'on ne peut guère appeler de la musique. Aussi n'ai-je jamais compris qu'on ait songé à employer dans nos orchestres des instruments tels que la grosse caisse et les cymbales qui ne produisent que des effets bruyants ; le roulement des timbales et l'éclat des trompettes me semblent bien suffisants pour imiter une marche guerrière, et en les employant on ne sort pas du moins du domaine de l'harmonie.

Il existe des airs arabes qui ont été recueillis en Égypte lors de l'expédition de l'armée française, et qui se rapprochent de notre système musical sous le rapport des intervalles. J'ai trouvé à l'un de ces airs une certaine similitude avec une mélodie russe qui m'a été rapportée d'Odessa, et qui pourrait bien avoir une origine complétement orientale.

Mais on ne saurait parler des mélodies arabes sans dire aussi quelques mots des poésies qui les accompagnent. Ici l'on retrouve toute la délicatesse orientale qui s'élève en concerts gracieux, sans jamais abandonner les choses de la terre. Un grand nombre de ces poésies, empreintes des sentiments les plus tendres et les plus ardents, ont été traduites par M. Sylvestre de Sacy avec une finesse et un accent de vérité qui donnent un haut mérite à une semblable traduction. Je termine en transcrivant quelques-unes de ces fraîches et suaves pensées.

I.

O vous qui êtes vêtue d'une étoffe à fleurs et qui avez une ceinture de cachemire, j'aime une beauté dont le sein est semblable à des grenades ; jamais mes yeux n'ont rien vu de si beau.

II.

O toi qui es blanche et qui imites la couleur du jasmin, toi qui connais l'amour que je te porte, j'en jure par la conservation de tes yeux et de tes joues, je suis esclave de tes regards.

III.

Le vin et la rose rouge semblent parler sur tes joues. Dans l'excès de mes transports amoureux, je me suis écrié : Ah ! que mes yeux sont pour moi un filet inévitable !

IV.

Ma gazelle m'a dit : Me voilà, je suis venue te trouver ; dispose de moi comme il te plaira ; je te placerai sur ce sein orné de grenades, et tu dénoueras la ceinture brodée de mille couleurs.

I.

Demande des nouvelles de ceux qui te chérissent, que ton absence afflige, que ta vue comble de joie; malgré que tu sois éloigné d'eux, ils répondront à ta demande.

II.

Une beauté à la taille légère a porté les coupes à la ronde: son visage a fait rougir de honte le soleil; sa bouche captive les âmes; elle unit la douceur du miel à la force du vin.

III.

Un jeune chevreuil, rejeton d'une race généreuse, m'a présenté le jus de la vigne, ce vin qui dissipe les ennuis. Ah! combien d'autres l'ont aimé et en sont devenus fous!

I.

Mon ennui surpasse tous les ennuis : ô toi, beauté délicate, dont les mouvements pleins de grâce l'emportent sur les balancements des tendres rameaux, quand serai-je uni à l'objet de mon amour, pour mettre fin aux tourments qui ravissent le repos à mes paupières !

II.

J'en jure par cet objet chéri, par sa vie et par ce qu'il possède de talents, s'il me rend une visite clandestine, sa vue charmera mes yeux et les comblera de plaisir.

I.

Lève-toi, donne-moi le vin des célestes demeures, remplis-en ma coupe : rien n'est plus propre à ranimer le plaisir qu'un vin vieux. O fille d'une tendre gazelle, présente-nous cette liqueur, comme fait une nouvelle mariée ; fais circuler la coupe entre nous, et que son passage soit aussi doux que celui du zéphyr.

II.

Le vin rappelle les entretiens de Dieu avec Moïse, et suggère des paroles dignes d'être consignées dans les livres. Avant le temps de ce prophète, les tablettes étaient déjà remplies des discours qu'avait inspirés cette précieuse liqueur. Elle rend la vie au cœur et aux amants malheureux en les animant du souffle de la joie ; et ce pouvoir divin, elle a commencé à l'exercer avant même que le souffle du Créateur ait animé les mortels.

III.

Hâte-toi de te rendre de grand matin dans ce jardin arrosé des eaux du ciel, car le printemps vient de nous ramener les fleurs ; la rosée, semblable à des perles jetées sans ordre, exhale l'odeur du musc ; une pluie bienfaisante ranime en tous lieux la nature, et fait de toute la terre une prairie couverte d'une riche végétation.

IV.

Tous les oiseaux, en leurs langages étrangers, rivalisent d'éloquence; le rameau du myrobolanier incline la tête pour nous saluer; l'odeur que l'on respire sur les joues de la pomme embaumée ranime la cendre des morts.

TABLE.

www.ingramcontent.com/pod-product-compliance
Ingram Content Group UK Ltd.
Pitfield, Milton Keynes, MK11 3LW, UK
UKHW020953230726
13923UKWH00007B/305

9 782019 973322